Der kleine Outfit-Knigge 2100

Business-Leute, Kleidung, Stil und Form

Horst Hanisch

Der Text dieses Buches entspricht der neuen deutschen Rechtschreibung.

Idee und Entwurf: Horst Hanisch, Bonn

Lektorat: Alfred Hanisch, Bad Honnef

Layout und Gestaltung: Guido Lokietek, Aachen; Horst Hanisch, Bonn

Umschlaggestaltung: Christian Spatz, Köln; Horst Hanisch, Bonn

Fotos: Umschlag: Photocase.de; Seiten 69, 71, 72: Duni GmbH, Bramsche; Seite 11: Sonja C. Schulte, Festtruhe, Köln; Seite 21: Diane Stadtfeld, Köln; alle anderen Fotos und Zeichnungen: Horst Hanisch, Bonn

Danke: Wir danken dem Unternehmen Duni GmbH, Bramsche, für die Zurverfügungstellung von Fotomaterial

Herstellung und Verlag: Books on Demand GmbH, Norderstedt

ISBN: 3-8334-1305-0

Der kleine Outfit-Knigge 2100

Business-Leute, Kleidung, Stil und Form

Inhaltsverzeichnis

Grußwort

Mut zu Stil und Etikette

Dr. Christoph Engl

Direktor der Südtirol Marketing Gesellschaft

Kleider führen Leute

Die Form führt die Menschen. Menschen in Abendkleidung benehmen sich automatisch gut. Nicht umsonst schreibt jeder Gastgeber, der Wert auf gutes Benehmen legt, „Smoking und Abendkleid" als deutlichen Hinweis in seine Einladung. Menschen in Uniform vermitteln Disziplin und Integrität. Nicht umsonst sind Ordnungshüter und das Militär verpflichtet Uniform zu tragen. Menschen in weiß wirken neutral und kompetent. Nicht umsonst ordnen Ärzte, Chemiker und Apotheker mit ihren weißen Kitteln ihre Persönlichkeit der Profession unter.

Das Sprichwort sagt „Kleider machen Leute", ich würde sagen „Kleider führen Leute".

Als ich vor vielen Jahren zum ersten Mal in Rom in einer wichtigen Geschäftsbesprechung saß, machte mich ein Sitzungsteilnehmer dezent darauf aufmerksam, dass meine Krawatte mich als „Nicht-Italiener" verrate, weil sie zu verspielt sei. Allein dieser kleine Fauxpas hätte auf Dauer meine inhaltlichen Beiträge in dieser Runde weniger bedeutsam erscheinen lassen. Und das ist der springende Punkt: Niemand sollte sich aus Unwissenheit über angemessene Kleidung selbst ins Abseits drängen. Wenn das Outfit die Persönlichkeit, die eigenen Werte und das, wofür man eintritt, unterstreichen kann, wird die Stilsicherheit entscheidend.

Grußwort

Den Autor dieses kleinen Ratgebers durfte ich als sicheren und kompetenten Fachberater für mich selbst und meine Mitarbeiter/innen kennen lernen. Er ist Garant dafür, dass Regeln für gutes Benehmen und einprägsame Auftritte in guter Stimmung gelernt werden können. Dabei geht es nicht um ein starres Anwenden der Regeln, sondern vielmehr um das Wissen darüber. Je sicherer jemand in Stilfragen ist, desto mehr persönliche Noten kann er sich leisten.

Mut zu Stil und Etikette werden die erfolgreichen Menschen auf ihrem Weg begleiten. Die Lektüre dieses Ratgebers von Horst Hanisch ist der erste Schritt in diese Richtung.

Ihr

Dr. Christoph Engl

Direktor der Südtirol Marketing Gesellschaft

Statt eines Vorworts

Sag mir was du anhast, und ich sage dir, wer du bist.

Man kleide sich bequem.
Ein ungemächlicher Anzug macht unbehaglich, ungeduldig und müde

Adolph Freiherr Knigge, aus dem Büchlein
„Über den Umgang mit Menschen", 1788, (1752 – 1796)

Kleider machen Leute - oder doch nicht?

„Vor vielen Jahren lebte ein Kaiser, der so ungeheuerlich viel auf neue Kleider hielt, dass er all sein Geld dafür ausgab, um recht geputzt zu sein. Er kümmerte sich nicht um seine Soldaten, kümmerte sich nicht um Theater und liebte es nicht, in den Wald zu fahren, außer um seine neuen Kleider zu zeigen. Er hatte einen Rock für jede Stunde des Tages." So schreib schon Hans Christian Andersen.

Können wir auch heute noch, im 21. Jahrhundert, von der Kleidung Rückschlüsse auf den Beruf oder den Stand ziehen? Sollte nicht jeder das anziehen dürfen, was ihm gefällt? Nun, die Praxis zeigt sehr wohl, dass wir in unserer Gesellschaft Rückschlüsse auf die Person ziehen. Nicht umsonst haben Markenartikel einen immensen Zulauf. Oft beginnt schon im Kindergarten - oder sogar davor - die Markenbindung. Egal, ob wir der Markenbindung oder der Konformität in der Art der Bekleidung zustimmen oder nicht - beruflich kann sich ein Nachteil - oder ein Vorteil - daraus ergeben. In dem vorliegenden Ratgeber wird auf das in unserer Kultur übliche Business-Outfit eingegangen, wie auch auf Kleiderstil und Körperform für Business-Frau und –Mann. Im 4. Teil wird gezeigt, wie Farbe in der Kleidung das Erscheinungsbild beeinflusst. Und mit wohlduftenden Gerüchen schließen wir das Thema ab. Aber vergessen wir nicht, dass die Kleidung allein nicht entscheidend ist für das berufliche Fortkommen. Der Charakter und das Fachwissen ergänzen die Persönlichkeit.

Und wie ging es mit unserem Kaiser weiter? „So ging der Kaiser unter dem prächtigen Thronhimmel, und alle Menschen auf der Straße und in den Fenstern sprachen: ‚Wie sind des Kaisers neue Kleider unvergleichlich! Welche Schleppe er am Kleide hat! Wie schön sie sitzt!' Keiner wollte es sich merken lassen, dass er nichts sah; denn dann hätte er ja nicht zu seinem Amte getaugt oder wäre sehr dumm gewesen. Keine Kleider des Kaisers hatten solches Glück gemacht wie diese. ‚Aber er hat ja gar nichts an!', sagte endlich ein kleines Kind. ‚Hört die Stimme der Unschuld!', sagte der Vater. Und der eine zischelte dem andern zu, was das Kind gesagt hatte. ‚Aber er hat ja gar nichts an!' rief zuletzt das ganze Volk. Das ergriff den Kaiser, denn das Volk schien ihm Recht zu haben, aber er dachte bei sich: ‚Nun muß ich aushalten!'' Und die Kammerherren gingen und trugen die Schleppe, die gar nicht da war."

Den Leserinnen und Lesern dieses Ratgebers wünsche ich viel Spaß beim Ergänzen und Auffrischen ihres Wissens.

Horst Hanisch

Teil 1 - Outfit und Anlass

Kleiderordnung, Garderobe, Outfit

Kostüm oder Kostümierung?

Der einzige, der einen Ozelot wirklich braucht, ist der Ozelot

Bernhard Klemens Maria Grzimek, dt. Zoologe (1909 - 1987)

„Was ziehe ich bloß an?"

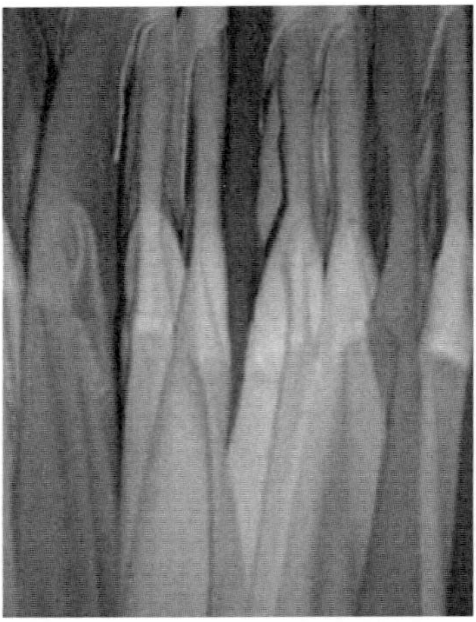

Vielen bereitet die Frage „Was ziehe ich bloß an?" einiges Kopfzerbrechen. Die Zeit ist zwar etwas freizügiger geworden, aber wir möchten schließlich nicht overdressed (zu gut gekleidet) oder underdressed (zu einfach gekleidet) erscheinen. Es ist nicht unbedingt das beste Gefühl, mit langer Abendgarderobe zu erscheinen, wenn alle anderen T-Shirts und Jeans tragen.

Bei aller Freizügigkeit zur selbstbewussten Bekleidungs-Möglichkeit, bedenken Sie bitte, dass Sie durch die Art Ihrer Kleidung Ihre Mitmenschen eventuell in peinliche Situationen bringen können, ja sogar verletzen oder beleidigen könnten.

Sie sind eingeladen und kennen das Programm nicht? Fragen Sie die Gastgeber. Das zeugt nicht von Unwissen, sondern vom Wunsch, passend gekleidet zu sein.

Kleidung zur Hochzeit

Die Braut trägt Weiß. Diese Farbe bleibt während der Hochzeit ausschließlich der Braut überlassen. Gäste tragen andere Farben. Weder Gäste noch Bräutigam tragen einen Smoking.

Die Gäste sollten bei der kirchlichen Trauung nicht eleganter gekleidet sein, als das Hochzeitspaar.

Deshalb gibt das Brautpaar den Stil der Bekleidung vor, der dann auch von den Gästen eingehalten werden sollte.

Übrigens:

Auf dem Standesamt wird das Brautkleid nicht getragen, es sei denn, dass standesamtliche und kirchliche Hochzeit unmittelbar hintereinander stattfinden.

Die Braut in Schwarz?

Noch bis in die zwanziger Jahre des zwanzigsten Jahrhunderts, also bis etwa 1920, 1925, war es in Deutschland nicht unüblich, dass sich die Braut im schwarzen Hochzeitskleid verehelichen ließ. Erst danach begann das ‚reine', ‚unschuldige' Weiß seinen Siegeszug in die Hochzeitsfeierlichkeiten.

Kleidung zur Beerdigung

Bei Trauerfeiern ist in unserer Kultur unauffällig dunkle (schwarze) Kleidung korrekt. Für den Herren der schwarze Anzug mit schwarzer, nicht glänzender, Krawatte, schwarzen Strümpfen und Schuhen.

Damen tragen ebenso schwarze bzw. dunkle Kleidung mit langem Arm, dunkle Strümpfe, schwarze Schuhe, gegebenenfalls einen schwarzen Hut.

Schmuck wird nur dezent getragen.

Grundregeln bei der Wahl der Kleidung

Gehen Sie diese Checkliste durch:

- Ihre Kleidung entspricht Ihrem Typ
- Ihre Kleidung entspricht Ihrem Alter
- Ihre Kleidung entspricht Ihrem Aussehen
- Ihre Kleidung entspricht dem Anlass
- Ihre Kleidung entspricht dem Ort
- Ihre Kleidung entspricht der (Uhr-)Zeit und Jahreszeit

Hinweis zur Kleiderordnung auf der Einladung

Machen Sie es Ihren Gästen leicht! Geben Sie bereits auf der Einladung Tipps zur Kleidung. Wählen Sie einen klar verständlichen Hinweis, zum Beispiel durch Formulierungen wie:

- zu einem zwanglosen Treffen,
- zum geselligen Zusammensein,
- zum ‚gemütlichen' Umtrunk im Biergarten,
- zum formlosen Gedankenaustausch,
- zur Grillparty im Freien.

Aus diesen Formulierungen kann Ihr Gast entnehmen, dass keine Abendgala erwartet wird. Einfache Kleidung dürfte hier angebracht sein. Bei folgenden Aussagen ist eher ein Anzug, eine Kombination oder ein Kostüm gefragt:

- zum Abendessen im Nobelhotel ‚Zur erhobenen Nase',
- zum Arbeitsessen mit unseren japanischen Geschäftspartnern,
- zum Cocktailempfang im Hotel ‚Die 5 Jahreszeiten',
- zur Jubiläumsfeier.

Manchmal bedingt bereits der Anlass einen etwas konservativeren (nicht negativ gemeint) Kleidungsstil. Hier sind auch Uniformen erlaubt:

- Hochzeitsfeier,
- Verleihung von Auszeichnungen,
- Empfänge beim diplomatischen Korps.

Manchmal können Sie trotzdem unsicher sein, ob Sie noble oder ganz noble Kleidung tragen sollen. Ist ein Anzug genug oder muss es ein Frack sein? Ein Sommerkleid oder ein Kleid mit ‚gedeckten' Farben?

Relativ einfach wird es, wenn die Einladung unter einem Motto steht. Aus der Angabe des Mottos können Sie den bevorzugten Kleidungswunsch ablesen:

- Motto ‚schwarz/weiß'
    - ➢ Gäste kleiden sich alle schwarz/weiß.
- Motto ‚wie zu Omas und Opas Zeiten'
    - ➢ Alt und Jung wählen Kleidungsstücke, die in jene Zeit passen.
- Motto ‚Karneval in Rio'
    - ➢ Gäste kommen in Karnevalskostümen.

Kostümierung und Uniform

Menschen kostümieren sich zu Karneval oder Fastnacht. Sie schlüpfen mit der Kleidung in eine andere Rolle. Sie ver-kleiden sich freiwillig und nur für eine gewisse Zeit.

Auf dem Bild Prinz Klaus III und Bonna Judith I (das Bonner Prinzenpaar der Session 2003/2004), den Autor dieses Ratgebers umrahmend.

Im Gegensatz dazu stellt die Uniform die ‚Geschäfts'-Kleidung einer bestimmten Gruppe dar. Zum Beispiel beim Militär, bei den Beschäftigten im Fast-Food-Restaurant, oder bei den Stewardessen einer Airline. Die Uniform macht es uns Menschen möglich, andere Menschen (zweifelsfrei) einer bestimmten Gruppe zuzuordnen.

Es könnte sich dann allerdings auch die Frage stellen, ob das Business-Outfit, das wir heutzutage für den Beruf wählen, eine Ver-Kleidung oder eine Uniformierung darstellen könnte.

So glauben die meisten Menschen, den klassischen Manager an seinem Outfit erkennen zu können, und sehen (allerdings erkennen auch) den Heilpraktiker an seiner Art, sich zu kleiden. Alles nur Vorurteile? Einige kleiden sich auch bewusst so, dass Sie einer bestimmten Gruppe zugehörend erkannt werden, wie zum Beispiel die Skater oder Punker.

Wie dem auch sei: Die Gesellschaft erwartet von uns bei bestimmten Gelegenheiten ein bestimmtes Outfit. Die meisten Menschen versuchen, sich danach zu richten und empfinden es als unangebracht oder sogar peinlich, wenn sie mit unpassendem Outfit auftreten.

Offizielle Anlässe

Gehen wir nun auf Kleidungswünsche bei offiziellen Anlässen ein.

Auf der Einladungskarte steht ein Hinweis zur gewünschten Kleidung. Dort wird lediglich der Hinweis für männliche Teilnehmer gegeben. Die Damen können aber ebenso aus diesen Angaben ablesen, was sie tragen können.

Angaben können sein:

- Sehr offiziell
- Straßenanzug
- Dunkler Anzug

Stresemann, nur tagsüber.

Schwarzgrau gestreifte Hose, schwarzes Jackett, weißes Hemd, graue Weste, silbergraue Krawatte, Krawattennadel.

Cut, Cutaway, nur tagsüber bis 15:00 Uhr.

Grauschwarz gestreifte Stresemann-Hose, schwarzes langes Jackett mit abgerundeten ‚Schwalbenschwänzen', weißes Kragenhemd mit grauer Krawatte, oder weißes Kläppchenhemd mit Plastron. Silbergraue Weste. Eventuell weiße oder rote Nelke. Grauer Zylinder im Freien, Schwarzer Zylinder bei (Staats-)Begräbnissen.

Dazu passt eine klassische Armbanduhr mit schwarzem Lederarmband.

Kleiner Gesellschaftsanzug, ab 19:00 Uhr.

Smoking. Dinnerjackett (cravate noire, frz.) (black tie, engl.), Abendanzug.

Schwarze bzw. dunkelblaue Hose mit aufgesetzten Längsstreifen (Seidengalons).

Jacke (einreihig oder zweireihig geschnitten) mit Schalkragen oder Revers aus Seide, Schleife (Fliege), ggf. Kummerbund.

Smokinghemd. Es ist weiß und hat Klappmanschetten.

Dazu gehören schwarze Kniestrümpfe, sowie schwarze Schnürlederschuhe oder schwarze Lackschuhe.

Der Smoking ist in der Regel schwarz oder tiefblau. Auch möglich: Smoking mit weißer oder fast weißer Jacke und schwarze Hose. Die weiße Smokingjacke wird bei abendlichen Festen unter freiem Himmel oder bei Seereisen getragen. Sie ist entweder weiß oder écru (eine leicht beige Tönung). Ein weißes oder rotes Seideneinstecktuch vervollständigt das Bild.

Übrigens:

Tagsüber wird der Smoking nicht getragen, erst ab 19:00 Uhr.

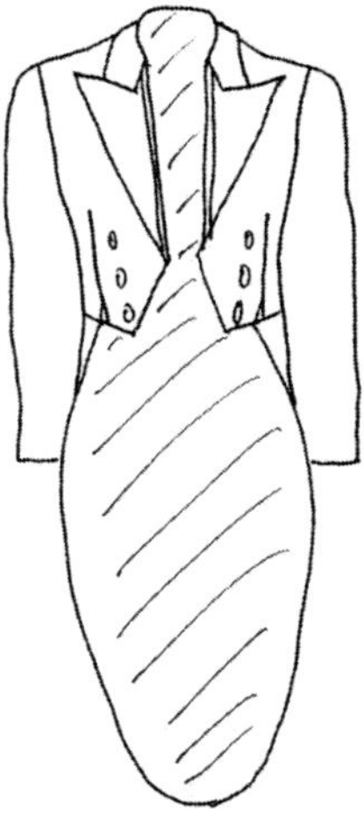

Großer Gesellschaftsanzug, frühestens ab 15:00 Uhr, besser ab 19:00 Uhr.

Frack (cravate blanche, frz.) (white tie, engl.), ein offen getragenes Jackett, vorn kurz tailliert, hinten knielang mit ‚Schwalbenschwänzen'. Der Frack muss schwarz sein. Die Jacke ist immer einreihig und kann nicht geschlossen werden. Das aufsteigende Revers ist seidenbesetzt.

Schwarze Hose mit Doppelstreifen (Galons). Die schwarze Frackhose hat an der äußeren Seitennaht doppelte Galons, das sind zwei parallel laufende Seidenstreifen.

Die Frackweste ist aus weißem Baumwollpiqué.

Da die Frackhose nicht von einem Gürtel gehalten wird, werden Hosenträger getragen.

Das weiße Frackhemd hat einen Klappkragen und einfache Manschetten, die mit Manschettenknöpfen geschlossen werden. Dazu gehört eine weiße Frackschleife (Fliege).

Auch hier sind schwarze Kniestrümpfe und schwarze Lackschnürschuhe ein Muss.

Der weiße Seidenschal wird zum Frack nur unter dem Mantel getragen. Er wird also mit dem Mantel abgelegt. Ebenso ein schwarzer Zylinder und weiße Handschuhe, die aber auch an der Garderobe abgegeben werden.

Bei eher privaten Einladungen finden sich Angaben wie:

- leger
- sommerlich
- festlich
- Abendanzug

Die Angabe ‚ab 19 Uhr' ist nicht allzu streng aufzufassen und darf gegebenenfalls unberücksichtigt bleiben. Bei sehr offiziellen Anlässen wird sich nach dieser Zeit natürlich nach wie vor gerichtet. Je nach Mode dürfen auch andere Kleidungsstücke, wie zum Beispiel der Spenzer (eine Jacke mit taillenkurzem und körpernahem Schnitt) für den Herrn gewählt werden.

> ***Übrigens:***
> Bei den Briten gilt: Ab 18:00 Uhr dürfen im Geschäftsleben nur noch schwarze Lederschuhe getragen werden.

Und was trägt die Dame dazu?

bei der Angabe	*trägt die Dame*
Straßenanzug	Tageskleid, Strümpfe
dunkler Anzug	Kostüm, Jackenkleid, Nachmittagskleid oder Cocktailkleid, Strümpfe
Stresemann	Kostüm, Strümpfe
Cut	Kostüm, Strümpfe
kleiner Gesellschaftsanzug	Abendkleid, Strümpfe
großer Gesellschaftsanzug	Kostüm, Strümpfe

Kleidung und Anlass

Anlass	*Herr*	*Dame*
Lunch, Mittagessen	Straßen-Anzug	Tageskleid, Strümpfe
Vormittags-Empfang	dunkler Anzug	Kostüm, Jackenkleid, Nachmittags-Kleid oder Cocktailkleid, Strümpfe
Akademische Feier	Stresemann, Cut	Kostüm, Strümpfe
Ball, Bankett, Dîner, Dinner, Theater, Ballett	Smoking, Abendanzug, Dinnerjackett,	Abendkleid, Strümpfe
Cocktailparty	Straßen-Anzug, dunkler Anzug	Nachmittags-Kleid oder Cocktailkleid, Strümpfe
Gala-Premieren, Opern-Premiere	Frack	großes Abendkleid, Strümpfe
Theater oder Oper	Smoking	Abendkleid, Strümpfe
Beerdigung	dunkler Anzug	dunkles Kostüm mit langen Armen, Strümpfe
Hochzeit	Hochzeits-Anzug, kein Smoking	(weißes) Hochzeits-Kleid, Strümpfe
Staatsempfang	Frack	großes Abendkleid, Strümpfe

Kleider-Tabus

Als Tabus gelten nach wie vor:

- ungeputzte Schuhe oder solche mit schief getretenen Absätzen,
- zu auffällige Kleidung,
- übertriebener Schmuck,
- schlecht umgenähte Rock- und Hosensäume,
- Laufmaschen,
- zu kurze Röcke.

Business-Outfit bzw. Business-Suit

Zwischen modern und konservativ. Aber der Business-Mann und die Business-Frau müssen nicht jeden modischen Trend mitmachen. Viel wichtiger ist es, auf die Geschäftspartner ‚seriös' zu wirken. Wenn Sie nicht gerade im ‚kreativen' Bereich arbeiten, gelten nach wie vor für das Business-Outfit:

- dunkle Anzüge bzw. Kostüme in blau, anthrazit oder schwarz, mit oder ohne Nadelstreifen
- Anzug mit oder ohne Weste
- Hemd bzw. Bluse blau, hellblau oder weiß
- schwarze Kniestrümpfe für Herren und schwarze Lederschuhe

Wenn es nicht ganz so streng zugeht, sind natürlich auch andere Farben oder Musterungen möglich.

Der Maß-Anzug

Wer einmal einen getragen hat, trägt immer einen. So heißt es jedenfalls.

Es wird gesagt, dass der Maß-Anzug vom ersten Tag an so sitzt, als habe der Besitzer ihn schon immer getragen, obwohl sich auch der Maß-Anzug mit dem Tragen noch anpasst.

Knöpfbare Ärmel galten lange Zeit als sicheres Zeichen dafür, einen maßgefertigten Anzug zu tragen.

Zuerst aber heißt es: Maßnehmen. Der Schneider überträgt die Daten auf den Stoff, schneidet und heftet die Teile für die erste Maßprobe aneinander, die so genannte Heftprobe.

Ein Maß-Anzug hebt hängende Schultern, begradigt runde Rücken und kaschiert den Wohlstandsbauch.

Nach der ersten Anprobe wird der Stoff mit Dampf und Bügeleisen dressiert, das heißt, die Wolle wird geweitet oder geschrumpft.

Bei der zweiten Anprobe ist das Futter noch lose und die Knöpfe fehlen noch.

Erst beim vierten Termin, der Fertigprobe, kann der Anzug mitgenommen werden.

> ***Übrigens:***
>
> Verwechseln Sie einen Maß-Anzug nicht mit einem Anzug nach Maß. Beim letzteren wird nach angegebenen Maßen und Daten angefertigt

Seriöse Beratung -

Andreas Brauer

Senior Associate in einer Wirtschaftsprüfungsgesellschaft, Europa-Betriebswirt (B.A. hons.)

- seriöses Outfit?

Seriöses Outfit – was ist das? Kommt darauf an, was Sie erreichen wollen, welche Ziele Sie sich gesetzt haben und in welcher Branche Sie arbeiten.

Für einen Arbeiter am Fließband bedeutet seriöses Outfit sicherlich etwas anderes, als für einen Arbeitnehmer, der seine Tätigkeit in einer Bank ausübt. Es wäre ja auch grotesk, wenn der Banker in einem Blaumann seine Kunden beräte und der Arbeiter mit einem Anzug am Fließband einen Motor zusammensetzte.

Aber welchen Eindruck können Sie mit einem seriösen Outfit erzeugen?

In einer Wirtschaftsprüfungsgesellschaft ist ein seriöses Outfit, sprich Anzug mit Krawatte, ein „Muss", wird tagtäglich gelebt und spiegelt den Berufsstand wider. Durch dieses Outfit wird Respekt, Kompetenz und Seriosität ausgestrahlt. Diese Eigenschaften nehmen Mandanten positiv wahr, da sie sich gut geprüft fühlen. Es wird auf diese Weise eine Atmosphäre geschaffen, die sich mit den Worten: „Wir interessieren uns für Ihre Belange" beschreiben lässt. Das wäre nicht der Fall, wenn wir unseren Mandanten mit Bluejeans und T-Shirt gegenüberträten. Ein seriöses Outfit ist notwendige Bedingung um seinen Job gewissenhaft und zielorientiert erledigen zu können. Nichts kann unangenehmer sein, wenn jemand durch unsicheres Auftreten, welches auch durch das falsche Outfit erzeugt werden kann, die Reaktion bei seinem Gegenüber wahrnimmt: „So wie der auftritt/aussieht kann der ja gar keine Ahnung haben. Dem sag' ich mal lieber nichts." Diese Reaktion ist relativ leicht an der Körpersprache seines Gegenübers erkennbar. Ist jemand in dieser Situation, ist es wohl eher schwierig seine Ziele zu erreichen. Deshalb ist eine gute Vorbereitung, nicht nur fachlich, sondern auch äußerlich, von großem Vorteil.

Seriöses Outfit ist aber situationsabhängig.

Nicht in jeder Situation ist ein Anzug mit einer Krawatte das richtige Outfit. Casual kann, abhängig von der Situation, sogar besser sein. Deshalb ist die Frage danach, wenn jemand von seinem Mandanten zu einem Abendprogramm eingeladen wird, sinnvoll und erlaubt, wie das Outfit heute Abend aussieht. Gerade am Abend ist es vielen Geschäftsleuten wichtig, da sie sich in ihrer „Freizeit" befinden, den Anzug abzulegen und in casual auszugehen. Aber was heißt denn dieses Casual? Übersetzt heißt casual „zwanglos". Wird am Abend zu einem Essen in casual geladen, könnten Business-Schuhe, Bluejeans, Hemd und Jackett das richtige Outfit sein. Wird zu einer Afterwork-Party geladen, ist davon auszugehen, dass es wohl etwas wärmer werden könnte, und dass sich vielleicht bewegt wird. Hier hat das Wort casual wiederum eine andere Bedeutung. Freizeitschuhe, Bluejeans, Polo-Hemd und ein Oberteil zum Ablegen könnten das richtige Outfit sein. Diese beiden Beispiele machen deutlich, dass seriöses Outfit nicht mit Anzug und Krawatte gleichzusetzen ist, sondern vielmehr situationsabhängig ist.

Um einen Fauxpas in Sachen seriöses Outfit auszuschließen, ist es daher sinnvoll sich vorher Gedanken darüber zu machen, in welcher Situation ich mich befinden werde - geschäftlich oder privat - was der Anlass ist - Business Meeting oder Abendessen - und was mein Gegenüber von mir erwartet.

Der Weg nach vorn hängt auch von seriösem Outfit ab.

Andreas Brauer

Business Casual bzw. Smart Casual

Nicht klassisches Business-Outfit, nicht privater Freizeit-Look, sondern genau dazwischen, und daher schwierig zu definieren.

Lockere Kleiderordnung - Im Trend?

Ist es tatsächlich so, wie es der ‚bsb Bundesverband Sekretariat' sieht?

- Auch immer mehr deutsche Unternehmen schließen sich dem Trend aus den USA an, am Freitag, dem ‚Casual Friday' auf Krawatten und Kostüme zu verzichten.

Der Grund dazu mag wohl sein, durch diese Lockerung der Kleiderordnung den Übergang ins ‚legere' Wochenende zu erleichtern. Andererseits scheint sich mit der bequemeren Kleidung auch die Stimmung und der persönliche Zusammenhalt zu steigern. Ob solch ein ‚Casual Friday' auch in Ihrem Unternehmen eingeführt werden kann, hängt davon ab, ob Mitarbeiter mit Kundenkontakt auf Anzug oder Kostüm verzichten können.

„Ehe der ‚Casual Friday' letztlich eingeführt wird, sollte er zuvor an dem einen oder anderen Freitag getestet werden. In einer Hausmitteilung sollte die ‚neue Kleiderordnung' ausführlich erklärt werden, verbunden mit Gedanken was mit einem ‚Casual Friday' erreicht werden soll. Die ‚Casual Friday'-Kleiderordnung soll unbedingt beinhalten, was an solchen Tagen unerwünscht bleibt: wie Turnschuhe, Rollkragen-Pullover, ausgediente Jeans etc. Denn das Image des Unternehmens soll auch am ‚Casual Friday' gepflegt werden." (Quelle: bsb 5/01).

Was bedeutet Business Casual?

Zuerst einmal kann festgehalten werden, dass Kleidungsstücke aus dem klassischen Business-Outfit im Business Casual üblicherweise nicht zu finden sind.

Demnach bedeutet ein Anzug ohne Krawatte nicht Business Casual, sondern höchstens ein unvollständiges Business-Outfit.

Im Business Casual dürfen im Sommer Polo-Shirts getragen werden, nicht aber T-Shirts, die zum Freizeit-Look gehören. Der Kragen am Shirt ist also ausschlaggebend.

Auch ein gestreiftes oder kariertes Hemd, ein Casual-Hemd, ist hier passend. Im Gegensatz zum Business-Outfit sind sogar Kurzarmhemden erlaubt. Dazu können Sie Hosen aus Baumwolle, Cord oder Jeans tragen.

Für kühle Tage oder Abende kann ein feiner Strickpullover übergehängt werden. Aber auch um die Taille gebunden, lässig über eine Schulter geworfen, oder tatsächlich kann er auch getragen werden.

Zum Beispiel der Kaschmirpullover über einem Polohemd, der Ledergürtel mit einer Silberschnalle, die ins Haar hochgesteckte Sonnenbrille, der Markenpullover über die Schulter gelegt. Eine modische Lederjacke kann getragen werden. Allerdings passen Lederjacke und Krawatte nicht zusammen.

Neben Lederschuhen können gegebenenfalls auch so genannte Sneakers getragen werden.

Im Business Casual dürfen saisonale Farben verwendet werden.

Um jeglicher Verwechslung vorzubeugen: Shorts, Jogging-Anzüge, Sandalen, T-Shirts, weiße Socken oder Vergleichbares haben nichts mit dem Smart Casual zu tun.

Übrigens:

Der blaue Blazer mit Goldknöpfen passt im deutschsprachigen Raum zum Business-Outfit, wird in Großbritannien eher zum Business Casual gezählt.

Der Freizeit-Look

Und in der Freizeit ist alles erlaubt? Auch in der Freizeit gehört der Jogginganzug in die eigenen vier Wände (es sei denn, Sie betreiben wirklich gerade Sport). Weiße Socken sind zum Beispiel beim Tennisspielen korrekt. Tragen Sie in Ihrer Freizeit einen weißen Sommeranzug und helle Wildlederschuhe, können feine weiße Kniestrümpfe passend sein. Herren mit nacktem Oberkörper sind am Strand zu finden. Und in Kirchen sind für Herren kurze Hosen tabu, die Damen bedecken zusätzlich ihre Schultern.

Das Erscheinungsbild

Korrektes Business-Outfit

Krawatte sitzt nicht richtig.
Hemdknopf geöffnet. Dadurch
unkorrektes Business-Outfit

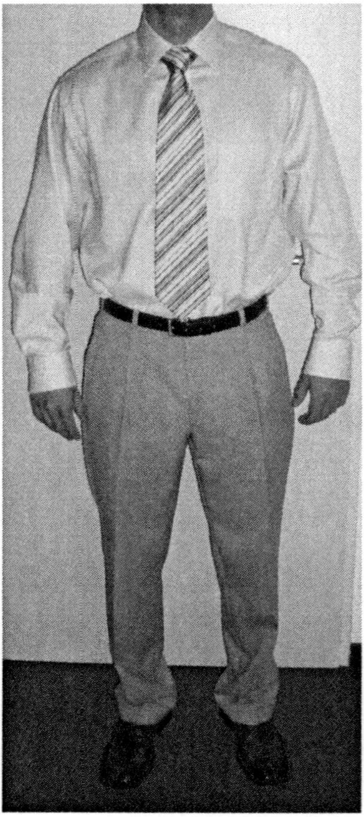

Ohne Jackett, aber mit korrekt gebundener Krawatte, Lederschuhe. Nur in Ausnahmefälle erlaubt.

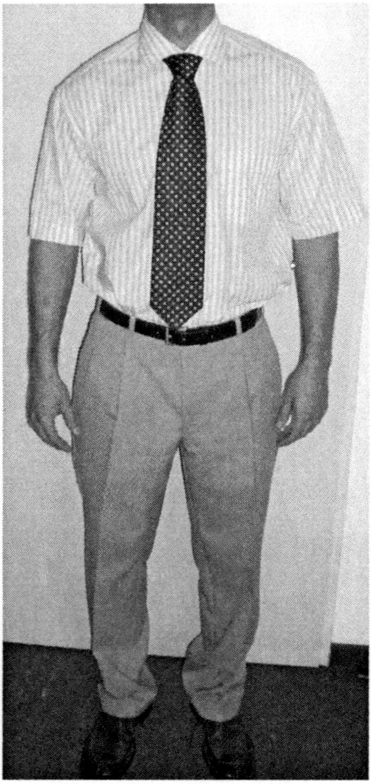

Ohne Jackett, mit korrekt gebundener Krawatte, Lederschuhe. Allerdings im Kurzarmhemd. Im Business nicht üblich.

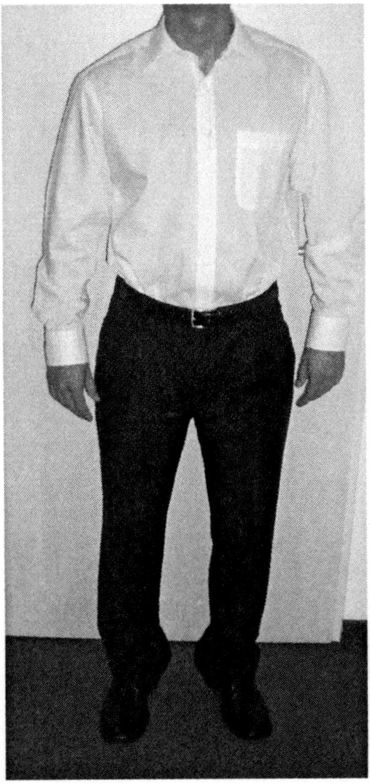

Ohne Jackett, ohne Krawatte, Lederschuhe. Nur oberster Knopf geöffnet. Casual-Outfit

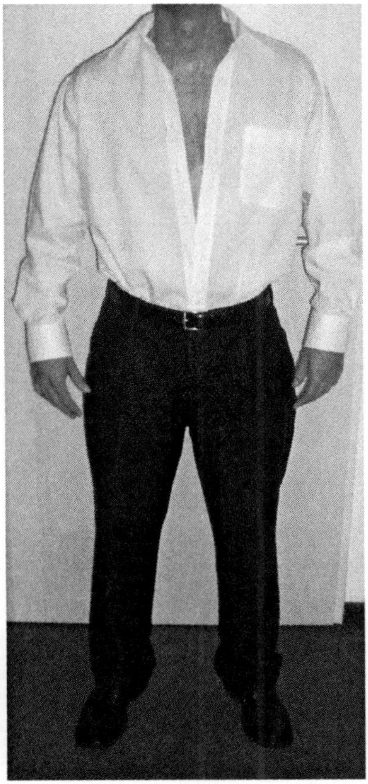

Ohne Jackett, ohne Krawatte. Mehr als ein Knopf geöffnet, Lederschuhe. Unkorrektes Outfit, höchstens in privater Freizeit

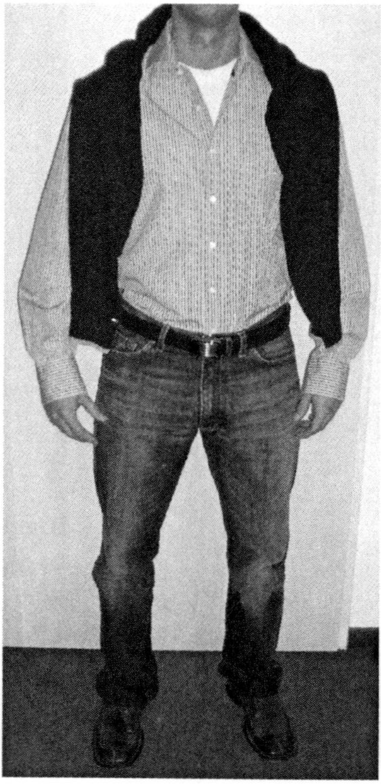

Hemd, Markenjeans, Lederschuhe, über die Schultern gelegter Pulli: Casual

Hemd bis auf obersten Knopf geschlossen, Jackett, Lederschuhe, keine Krawatte; Casual

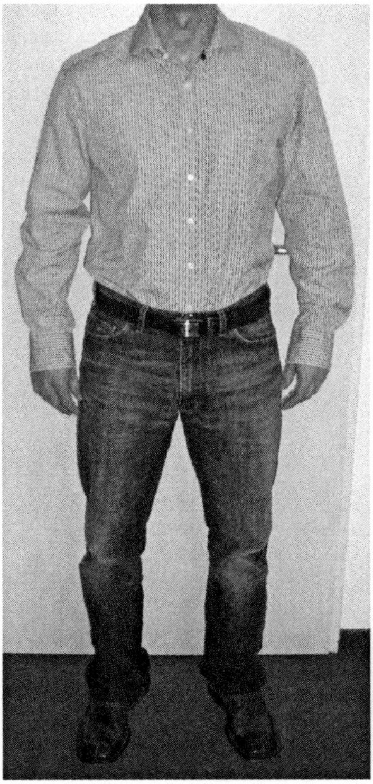

Hemd, Jeans, Lederschuhe; eher Freizeit-Look als Casual

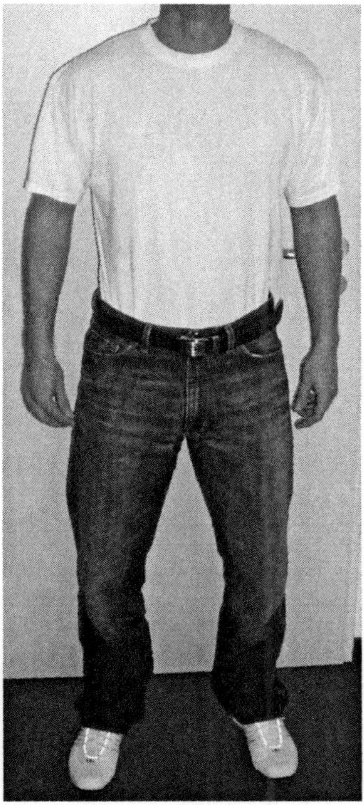

T-Shirt, Jeans, Sportschuhe; Freizeit-Look

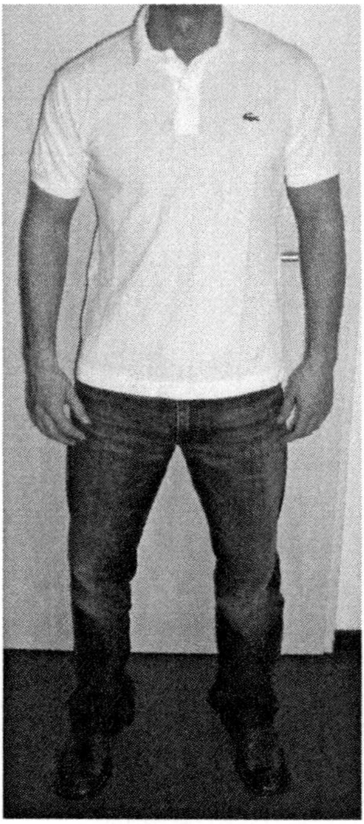

Polo, Markenjeans, Lederschuhe; gerade noch Casual

T-Shirt, Jeans, Sportschuhe: Freizeit

Ausgebeulte Hosentaschen

Halten Sie Ihre Geldbörse flach und stecken diese in die Jackentasche. Münzen gehören in einem kleinen Portmonee oder gegebenenfalls sogar einige Münzen lose in der Hosentasche.

„Ob Portmonee oder Geldklammer, ob mit oder ohne Münzfach, letztlich ist nur eines entscheidend: Ein stilvolles Accessoire zur Geldaufbewahrung kann seinem Träger Würde und Eleganz verleihen.“ So gefunden in der ‚Financial Times Deutschland' vom 11. 11. 2005.

Ein Ausdruck von Persönlichkeit

Gabriele Prollius-Brockhoff

Kultur- und Sportreferentin Wohnstift-Beethoven

Kleidung im Alter

Beim Stichwort „Kleidung im Alter“ fiel mir ein Chanson von Charles Aznavour ein. In diesem Lied geht es um eine Beziehung zwischen Mann und Frau, die sich auseinander gelebt haben und die Frau nicht mehr auf ihr Äußeres achtet. Zeilen wie: „Du bist so komisch anzusehen, denkst Du vielleicht; das find ich schön?“ oder „Du läufst im Morgenrock herum, ziehst dich zum Essen nicht mal um, dein Haar, da baumeln kreuz und quer die Lockenwickler hin und her“. Der Titel dieses Liedes ist „Du lässt dich gehen“.

Gerade im Alter kann es passieren, dass nicht mehr so sehr auf das Äußere geachtet wird, sei es aus Bequemlichkeit oder wegen Krankheit. Der ältere Mensch geht nicht mehr aus, der Freundeskreis wird kleiner. Für wen soll er sich noch „schön“ machen? Auch Altersarmut kann eine Rolle spielen. Das alles sind auch Vorurteile, die Angst vor dem Alter machen können.

In einem Wohnstift sieht das Alltagsleben gleich ganz anders aus. Schon das regelmäßige Essen im Restaurant verpflichtet, sich entsprechend zu kleiden. Auch die anderen Angebote, sei es ein Konzertabend, ein Theaterbesuch, Vorträge oder der Jahreszeit entsprechende Feste geben genug Veranlassung, sich nicht zu vernachlässigen. Diese kleinen gesellschaftlichen Ereignisse motivieren, sich immer angemessen zu kleiden. Gute Kleidung hat eine Signalwirkung, die positiv auf das gesamte Haus ausstrahlt. In solch einer Atmosphäre lebt der Mensch auf.

Kürzlich sprach mich eine Dame an: „Sie tragen immer einen Lippenstift auf, das habe ich früher auch gemacht, aber ich traue mich nicht mehr." Ich habe dieser Dame gesagt, sie solle den Mut wieder aufbringen. Ein pastellfarbener Lippenstift würde ihr sicherlich gut stehen. Und, was soll ich sagen, sie hat es probiert und ihr Gatte war begeistert. Kleinigkeiten, die das Selbstwertgefühl heben, haben dann eine große Wirkung.

Für einen jüngeren Menschen kann so ein Verhalten auch Ansporn sein. Ein gepflegter „älterer Herr" oder eine gepflegte „ältere Dame" strahlen soviel Positives aus, dass das Alter dann keine große Rolle mehr spielt.

Gabriele Prollius-Brockhoff

Fühlen Sie sich wohl

Im Harenberg Kalender 2005 (Brain Jogging) stand geschrieben: ‚Ergänzen Sie Ihre inneren Werte also durch die entsprechende gefällige Kleidung und höfliches Auftreten. Sie fühlen sich wohler und den anderen Menschen wird es eine Freude sein, mit Ihnen umzugehen.'

Termin im TV-Studio

Treten Sie als Gast, Experte oder Gastgeber in einer TV-Sendung auf?

Dann wollen Sie sicherlich auch hier eine gute Figur abgeben. Deshalb soll die Kleidung weder zu lässig, noch zu fein wirken.

Ein dunkler Anzug bzw. ein dunkles Kostüm oder eine dunkle Hose und ein helles Hemd bzw. eine helle Bluse passen fasst immer. Wählen Sie ein hellblaues Hemd, das den Teint am besten unterstreicht. Vermeiden Sie strahlendes weiß (oder absolutes schwarz beim Anzug), da ihre Kleidung dann flimmernd auf den Monitoren erscheint.

Vermeiden Sie ebenso ganz feine Muster, da Ihre Kleidung sonst auch auf dem Monitor flimmern kann.

Teil 2 - Die Frau und ihr Typ

Die Business-Frau

Kleiderstil und Körperform für die Business-Frau

Der einzige Mensch, der sich vernünftig benimmt, ist mein Schneider. Er nimmt jedes Mal neu Maß, wenn er mich trifft, während alle anderen immer die alten Maßstäbe anlegen in der Meinung, sie passen auch heute noch

Hans-Georg Gadamer, dt. Philosoph (1900 - 2002)

Zu klein, zu dick oder zu dünn ...?

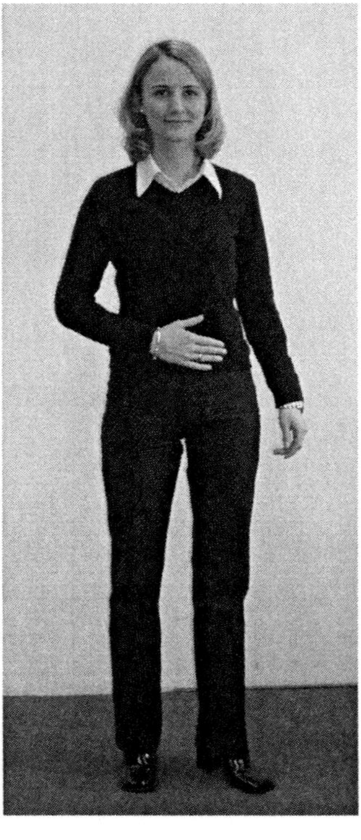

Jeder Mensch ist anders.

Glücklicherweise sehen nicht alle Menschen gleich aus.

Manch einer kleidet sich aber so ungeschickt, dass eine ‚extreme' Körperform ungünstig betont wird. Andere benutzen Material und Muster, um ein möglichst gutes Ideal-Bild von sich zu geben.

Als Ratschläge gelten folgende Empfehlungen:

Lang

Je größer, sprich länger eine Frau ist (hier ab ca. 1,72 m), um so eher kann in der Kleidung ‚unterbrochen' werden.

Zu empfehlen ist:

- Stoff und Mustermix
- gekräuselte und bauschige Linien
- grobe Muster und grobes Stoffvolumen
- breite Gürtel
- quer angeordnete Steppnähte
- aufgenähte Taschen
- doppelreihig geknöpft
- großer Kragen mit runden Kragenecken
- lange Jacken und Röcke
- lange Manschetten
- Falten
- groß ausfallender Schmuck und Accessoires
- Schuhe mit flachem Absatz

Kurz

Je kürzer, also gedrungener eine Frau ist (hier unter ca. 1,65 m), um so weniger kann in der Kleidung ‚unterbrochen' werden.

Zu empfehlen ist:

- dezente, zurückhaltende Muster
- dünne Stoffe
- Strümpfe, Hose bzw. Rock Ton in Ton
- schmale und länglich geschnittene Kleidung
- kurze Jackenform bzw. kurzer Rock
- Hose ohne Aufschläge
- schmale Schnitte
- feinmaschige Pullover
- höhere Schuhe

Dick

Je dicker eine Frau ist, umso fließender soll ihre Silhouette sein

Zu empfehlen ist:

- zurückhaltende Muster
- fließende Stoffe
- feinmaschige Pullover
- dezente Farben, Ton in Ton
- lässige Schnitte
- senkrechte Linien
- bei schmalem Oberkörper, Schulterpolster
- Blazer einreihig
- schmaler Gürtel
- große Schuhe
- große Schmuckteile
- große Accessoires

Dünn

Je dünner eine Frau ist, umso fülliger soll ihre Silhouette sein

Zu empfehlen ist:

- Stoff und Mustermix
- zurückhaltende Muster
- kurze Jacke
- Rock und Hose weit geschnitten
- zweireihiger Blazer
- gegebenenfalls mehrere Teile übereinander
- Gürtel
- bauschige Kleidungstücke raffen und binden
- Knöpfe
- Steppnähte
- Taschen
- insgesamt bei der Kleidung für ‚Unterbrechungen' sorgen

Körperform der Business-Frau

Wenn Sie eine (Ihrer Meinung nach) nicht so optimale Körperform anders wirken lassen wollen, haben Sie hier einige Anregungen und Tipps.

Die gerade Körperform	***Tipps für die Garderobe***
▪ gerade, viereckig wirkende Schultern ▪ Taille nicht erkennbar ▪ schmale Hüfte ▪ flache Schenkel ▪ flacher Po	▪ klassischer Herrenschnitt ▪ Blazer ▪ langes Oberteil mit betonter Schulter ▪ Überspielung der Taille ▪ feste Stoffe ▪ farbig oder Ton in Ton

Das umgedrehte Dreieck	***Tipps für die Garderobe***
▪ breite Schultern ▪ schmale Hüfte ▪ Oberkörper wird von oben nach unten schmaler	▪ luftiges Oberteil ohne betonter Schulter und ohne Schulterpolster ▪ klassische, schlanke Hosenschnitte ▪ ärmelloses Oberteil möglich

Die Apfel-Form	***Tipps für die Garderobe***
▪ gerade Schultern ▪ etwas breitere Hüfte ▪ etwas Übergewicht	▪ weiche Stoffe, keine Querstreifen verwenden ▪ Garderobe nicht zu voluminös ▪ Bluse über Rock oder Hose tragen, um Oberkörper künstlich zu verlängern

Die Birnen-Form	***Tipps für die Garderobe***
▪ schmalerer Oberteil als Hüfte ▪ breitere Hüfte ▪ breitere Schenkel	▪ matte Stoffe ohne Muster ▪ lose Jacken oder Blusen ▪ Übergang zwischen Taille und Hüfte überspielen ▪ mit Farben auf Oberkörper lenken ▪ Rock gerade geschnitten

Die Sanduhr-Form	*Tipps für die Garderobe*
▪ runde Schultern ▪ geschwungene Hüfte ▪ runde Schenkel ▪ betonte Taille	▪ weiche Stoffe ▪ einfacher Schnitt ▪ Taille betonen ▪ Schulterpolster ▪ abgerundete Details, zum Beispiel am Kragen ▪ lockere Oberbekleidung ▪ weiche Röcke ▪ schmale Hose

Langer oder kurzer Hals

Bei einem langen Hals sollten die Kopfhaare im Nackenbereich eher länger getragen werden. Geeignet sind Schal- oder Stehkragen. Blusen- oder Jackenkragen können hochgeklappt werden. Eventuell schmückt auch ein Krawattenschal.

Erscheint der Hals hingegen zu kurz, dann sollen die Kopfhaare eher kurz geschnitten sein, oder eine hochgesteckte Frisur bevorzugt werden. Jacken möglichst ohne Kragen oder mit schmalem Kragen wählen. Halsschmuck eher zierlich auswählen.

Kleine oder große Brust

Frauen mit kleiner Brust können Ihren Halsausschnitt durch Schmuck betonen, und weit geschnittene Oberteile mit Querstreifen wählen. Frauen mit großer Brust können eher schlicht wirkende Oberteile ohne starke Muster bevorzugen.

Outfit für die Business-Frauen

Wenn du keine Komplimente bekommst, musst du dir selbst welche machen

Mark Twain [Samuel Langhorne Clemens], US-amerik. Erzähler (1835 – 1910)

Die ‚toughe' Business-Frau

‚Tough' soll hier für ‚streng', gleichberechtigt gelten. Im Business sollten Frauen nicht vornehmlich die Botschaft ihrer Weiblichkeit vermitteln, Sondern das Image ihres Unternehmens repräsentieren.

Haben Sie beispielsweise mit einem Mann alleine eine Besprechung, zeigen Sie - aber mit Stil und Image -, dass Sie eine Frau sind. Also tragen Sie eher ein Kostüm als einen Herrenanzug. Wenn Sie jedoch eine Besprechung mit einer Frau haben, dann nehmen Sie Ihre Weiblichkeit ganz zurück. Bei einer Besprechung in einer gemischten Gruppe kleiden Sie sich neutral.

Je mehr Sie als Frau Haut zeigen, desto geringer wird Ihre geschäftliche Akzeptanz.

Do's und Don't's in der Business-Lady-Kleidung

- Achten Sie darauf, dass Ihre Kleidung immer sauber und gepflegt ist.
- Vermeiden Sie zu kurze Röcke.
- Vermeiden Sie zu tiefe Ausschnitte.
- Eine hautenge Körperbetonung ist ebenso unangebracht wie Supermini oder ein tiefes Dekolletee.
- Verwenden Sie ein dezentes Make-up.
- Tragen Sie im Business-Bereich immer Strümpfe, nackte Beine sind dem Privatleben vorbehalten.
- Nackte Schultern sind ebenso dem privaten Bereich zuzuordnen.
- Vermeiden Sie klimpernde Ohrgehänge und rasselnde Armreifen.
- Vermeiden Sie protzigen Schmuck.
- Schuhe sollten abgestaubt und geputzt sein.
- Sie haben keine abgelaufenen Absätze.
- Eine dezente, gut auf das restliche Outfit abgestimmte Handtasche ist ein mögliches Accessoire.
- Absolute Tabus: Leggins, ärmellos, verspielte Aufmachung, Romantiklook, supersportliches oder superpraktisches Outfit.
- Bevorzugen Sie untereinander kombinierbare Business-Garderobe.
- Passt meist: Kostüm, Hosenanzug oder unauffälliges Kleid. Dieses jedoch nur in Verbindung mit Kostümjacke oder Blazer.
- Mit den Farben Dunkelblau, Blaugrau, Grau, Camel, Dunkelbraun und Weiß sind Sie in der Regel gut angezogen für das Büro.
- Wählen Sie die Farben, die zu Ihrem Farbtyp passen. So wirken Sie jünger, dynamischer und selbstsicherer!
- Einfarbige Garderobe wirkt seriöser und dezenter. Passende Accessoires sind leichter zu finden.
- Bevorzugen Sie bei Ihrer Kleidung dezente Muster.
- Stofftyp und Stoffgewicht sollten zur Jahreszeit passen.
- Wenn Sie Akten oder andere Arbeitsmaterialien transportieren müssen, vermeiden Sie klobige, maskuline Riesenaktenkoffer. Bevorzugen Sie eher eine Lady-Aktentasche.

Übrigens:

Immer passend ist ein klassisches Outfit aus sehr guten und hochwertigen Materialien, die nicht knittern.

Schmuck und Accessoires

Nicht übermäßig viel Schmuck tragen und dabei sehr auf Qualität achten. Tragen Sie nur die Schmuckfarben, Edelsteine etc., die zu Ihrem Farbtyp passen.

Strümpfe und Schuhe

Die Strümpfe werden ohne Muster und Naht getragen. Sie müssen jedoch getragen werden - auch wenn es heißt ist.

Superhohe Pfennigabsätze sind tabu! Eine Dame zeigt keine Zehen - bei extremer Hitze ist jedoch Fersenfreiheit erlaubt. Auf eine dezente Schuhfarbe - je nach Modetrend - achten. Vorsicht bei weißen und beigen Schuhen.

Übrigens:

Imelda Marcos, die Ehefrau des damaligen Staatschefs auf den Philippinen soll mehrere tausend (!) Schuhpaare besessen haben.

Gürtel

Tragen Sie Gürtel, auch wenn Rock oder Hose nicht dafür eingerichtet sind, denn ohne Gürtel sind Sie nicht fertig angezogen.

Die Gürtelfarbe und das Material müssen unbedingt zu den Kleiderfarben und Schuhen sowie zu Handtasche oder Aktentasche etc. passen.

Tasche

Hier trägt die Business-Frau Kollegmappe oder Aktenkoffer (Spitzen-Qualität ist absolutes Muss!).

Keine Handtasche im Business-Bereich, oder eine kleine Handtasche, die jederzeit im Aktenkoffer oder in der Kollegmappe verschwinden kann.

Die große Liebe

Sonja Catalina Schulte

Inhaberin der Festtruhe, Braut- und Abendmode, in Köln sowie Eventmanagerin von Hochzeitsmessen

Das Hochzeitskleid

Die große Liebe lässt sich nicht planen. Sie passiert einfach. Bei einer Traumhochzeit ist das etwas anders! Erst durch liebevolle Planung und das perfekte Brautkleid wird sie zu dem großen Ereignis, das man sich wünscht!

Nun kommen wir ins Spiel – die Brautmodenstylisten. Viele Frauen wissen noch nicht, was zu ihnen passt, welcher Stil und welche Farbe ihnen am meisten schmeichelt und welche Form ihre persönlichen Vorteile hervorhebt. Wir nehmen uns die Zeit für sie und machen mit Hilfe unserer Erfahrung ihre Träume wahr.

Leider findet man in den normalen Bekleidungsgeschäften diesen Service immer seltener.

Zum Service gehört die individuelle Beratung von der ersten Kontaktaufnahme bis hin zum großen Tag. Dabei ist immer ein Ratgeber wie der vorliegende „Kleine Outfit-Knigge" unterstützend. Er setzt genau hier an und ist der ideale Helfer beim Einkaufen und Einkleiden. Jeder lernt, mit welchen Tricks und Tipps Outfits aufgebessert werden und welches Outfit zu welcher Gelegenheit angebracht ist.

Auf eine stilvolle Hochzeit!

Sonja Catalina Schulte

Frisur und Make-up

Ach, die Welt ist so geräumig, und der Kopf ist so beschränkt

Wilhelm Busch (Zu guter Letzt), dt. humorist. Schriftsteller (1832 – 1908)

Die Haare

Im Business-Bereich keine wallenden Lockenfrisuren tragen, sondern das Haar eher schlicht - und mit Tendenz aus dem Gesicht frisieren. Dabei ist unbedingt auf die Kopf- und Gesichtsform zu achten.

Sauber aufgestecktes langes Haar (keine fliegenden Haarsträhnchen!) kommen immer gut an. Eine unordentliche/zerzauste Hochsteckfrisur signalisiert: Unordnung, Chaos und Kompetenzmangel.

Die alten Zöpfe bleiben dran

„In Nigeria gibt es hunderte ethischer Gruppen, jede hat ihre eigene Sprache und ihre eigenen Traditionen - und ihre Frisuren", sagt J. D. Ookhai Ojeikere (Fotograf, Nigeria). Die Mitglieder der königlichen Familien etwa tragen Frisuren, die niemand kopieren darf, damit die Einzigartigkeit der Herrscher gewahrt bleibt.

Die Frisur der Prinzessin, die heiratet, hängt von der Zahl ihrer Dienerinnen ab. Den Dienerinnen werden vor der Hochzeitszeremonie die Haare geschnitten, die dann als Haarschmuck für die Prinzessin verwendet wird. Je mehr Dienerinnen die Braut hat, umso eindrucksvoller wird ihre Frisur." (Quelle FAZ, 06.04.2000)

Die Zöpfe kommen ab!

Das Ansehen der Polizei zur Fußball-Weltmeisterschaft in Deutschland 2006 sollte nicht ramponiert werden. Deshalb gab es einen Erlass-Entwurf des Innenministeriums. Darin wurde überlegt: Polizisten sollten weder unrasiert, mit einem Drei-Tage-Bart oder so genannten ‚Karl-Lagerfeld-Zopf' auftreten. Auch sollten sichtbare Piercings, - auch Mundpiercings - und Tätowierungen vermieden werden.

Make-up und andere Persönlichkeits-Unterstreicher

- Ein passendes Make-up ist gut auf Ihren Hautton abgestimmt.
- Testen Sie die Wirkung neuer Produkte immer bei Tageslicht.
- Das Make-up ist nicht übertrieben aufgetragen.
- Es unterstreicht lediglich Ihren Typ.
- Um ein gleichmäßiges Ergebnis zu erzielen, tragen Sie die Grundierung nicht wie eine Creme auf, sondern klopfen Sie mit den Fingerspitzen oder mit einem Schwämmchen auf.
- Zupfen Sie Ihre Augenbrauen gleichmäßig.
- Um den ‚Fliegenbein-Effekt' zu vermeiden, sollten Sie Ihre Wimpern sofort nach dem Tuschen trennen.
- Um Ihre Augen kleiner wirken zu lassen, können Sie schwarzen Kajal und dunklen Lidstrich verwenden.
- Bevorzugen Sie für die Wangen leichtes Braun oder Rosé, statt dunkler Rougebalken.
- Optisch schmalere Lippen erzielen Sie, wenn Sie dunkle Rottöne, Schokobraun und Lilanuancen benutzen.
- Geschmeidiger wirken Ihre Lippen, wenn Sie ein farbloses Lipgloss benutzen.
- Ein exakt geschminkter Mund strahlt Professionalität aus.
- Achsel und Beine sind zu enthaaren.
- Gepflegte Nagellänge und evtl. dezenten Nagellack tragen, jedoch unbedingt auf Sauberkeit achten.
- Keinen schwarzen oder zu bunten Nagellack auftragen.
- Im Business-Bereich sind Schmucknägel oder Nageldekorationen tabu.

Kofferpacken

Wer sich in einer Diskussion auf seine Autorität beruft, gebraucht nicht den Verstand, sondern sein Gedächtnis

Leonardo da Vinci, ital. Künstler und Forscher (1452 – 1519)

Damen auf Reisen

Kleidung für die Reise, frisch wirkendes Outfit vor Ort zur Besprechung, und schon wieder etwas Schickes für den Abend. Wohin damit? Und wie soll das verpackt werden, dass die Kleidungsstücke möglichst knitterfrei am Zielort ausgepackt werden können.

Gehen Sie wie folgt vor:

- Wenden Sie bei der einen Hälfte des Blazers oder der Kostümjacke das Innere nach außen.
- Stülpen Sie nun die Schulter vollständig nach außen um.
- Die nicht nach außen gewendete Seite der Jacke wird nun nach hinten geklappt und in die nach außen gestülpte Schulter geschoben.
- Nun liegt das unempfindliche Jackenfutter nach außen.
- Die ineinander geschobenen Schulterjacken sind gegen Druck geschützt.
- Die Jacke ist nun längs gefaltet. Sie lässt sich so weiter zu einem handlichen und unempfindlichen Paket packen, das nun problemlos in den Koffer passt.

In die Aushöhlungen unter den Schultern können Sie zusätzlich Strümpfe stecken.

Beim Packen des Koffers achten Sie darauf, das schwerere Teile nach unten zu liegen kommen.

Zuerst legen Sie Hosen und Röcke, sowie Schuhe und das Badezimmer-Necessaire.

Darauf legen Sie die Jacken von Kostüm und Hosenanzug.

Wenn Sie Jacken nicht als Paket (wie oben beschrieben) legen, sondern nur einmal falten, können Sie zwischen den Stoff Hemden, Wäsche oder einen Pullover legen.

Die Jacke behält so besser die Form und wird nicht platt gedrückt.

Teil 3 - Der Mann und sein Typ

Der Business-Mann

Kleiderstil und Körperform für den Business-Mann

Unser Körper erinnert uns täglich daran, dass er älter wird;
unser Geist spiegelt uns vor, dass er ewig jung bliebe

Johannes Gross, dt. Publizist
(1933 – 2000)

Zu groß, zu dick oder zu klein ...?

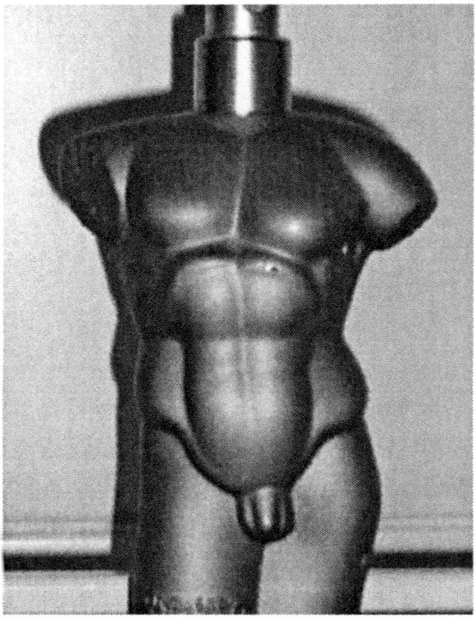

Auch nicht jeder Mann ist als Adonis geboren.

Um ein möglichst ansprechendes Ideal-Bild zu geben, gelten folgende Hinweise:

Groß

Je größer, sprich länger ein Mann ist (hier über ca. 1,81 m), um so eher kann in der Kleidung ‚unterbrochen' werden.

Zu empfehlen ist:

- quergestreifte Muster bzw. Linien
- generell sind Muster geeigneter als unifarbener Stoff
- Hose in hellerem Ton als Sakko oder Pullover

- Hosenbeine nicht zu lang
- Hosenbeine mit Aufschlägen

Klein

Je kürzer, also keiner ein Mann ist (hier unter ca. 1,76 m), um so weniger kann in der Kleidung ‚unterbrochen' werden.

Zu empfehlen ist:

- dezente, zurückhaltende Muster
- unifarbene Stoffe
- Längsstreifen, da diese größer erscheinen lassen
- Nadelstreifenanzüge
- Dreiknöpfer
- Hosenbeine so lang wie möglich
- Hosenbeine ohne Aufschlägen

Dick

Je dicker ein Mann ist, umso fließender soll seine Silhouette sein.

Zu empfehlen ist:

- dezente, zurückhaltende Muster
- unifarbene Stoffe
- Längsstreifen, da diese schmaler erscheinen lassen
- Anzugsschultern wattieren
- betonte Schultern und gut platzierte Abnehmer wirken positiv
- feinmaschige Pullover
- V-Ausschnitte

Dünn

Je dünner ein Mann ist, umso fülliger soll seine Silhouette sein.

Zu empfehlen ist:

- Stoffe mit horizontalen Mustern
- Tweed- oder Karomuster
- Schulterpolster verwenden
- Sakkos, die die Taille nicht zu stark betonen
- doppelreihiges Jackett
- zwei Rückenschlitze
- ggf. unter der Jacke einen Pullover oder eine Weste

Herrenhemden und Jackett

Ein Gentleman bleibt überall ein Gentleman.
Galgenvögel sind in den einzelnen Ländern verschieden

George Bernard Shaw, ir. Dichter
(1856 – 1950)

Das gute Hemd

Ein gutes Hemd hat herausnehmbare Kragenstäbchen, sofern es die Kragenform erfordert. Dies ist vor allem beim Umlegekragen und beim Cutaway Collar der Fall. Die geteilte Rückenpasse stammt ursprünglich aus der traditionellen Hemdenschneiderei. Da der Mensch meist unterschiedlich hohe Schultern hat, kann das Hemd auf diese Weise genau an seine Statur angepasst werden.

Das Knopfloch sitzt waagrecht.

Knopflöcher liegen bei längsgestreiften Hemden entweder genau auf einem Streifen oder genau dazwischen.

Exakter Musterverlauf, zum Beispiel am Übergang vom Schulterteil zum Ärmel. Je mehr Stiche eine Naht aufweist, desto haltbarer ist sie. Bei einem guten Hemd kommen etwa acht Stiche auf einen Zentimeter.

Bei guten Hemden wird nicht am Stoff gespart, damit sie nicht hinten oder seitlich aus der Hose herausrutschen. Dabei ist das Rückenteil meist etwas länger als das Vorderteil geschnitten, um den korrekten Sitz selbst beim Bücken zu wahren. Die Länge stimmt, wenn sich Vorder- und Rückenteil im Schritt zusammenfassen lassen.

Die traditionellen Knöpfe aus Perlmutt sind obligatorisch für ein gutes Hemd. Die Knopfleiste wurde früher aus einem Stück Stoff angefertigt und aufgesetzt. Heute wird der Stoff an der Knopfleiste entsprechend gefaltet.

Im Winkel zwischen Vorderfront und Rückenteil wird meist ein dreieckiges Stück Stoff zur Verstärkung eingesetzt.

Bei guten Hemden ist der Übergang vom Ärmel zur Manschette mehrfach gefaltet. Zusätzlich gibt es oft einen kleinen Knopf oberhalb der Manschette. Er verhindert das unschöne Aufklaffen des Hemds über dem Arm.

Natürlich wird im Business ein langärmliges Hemd getragen.

Hemden, zu denen eine Krawatte getragen wird

Kent-Kragen

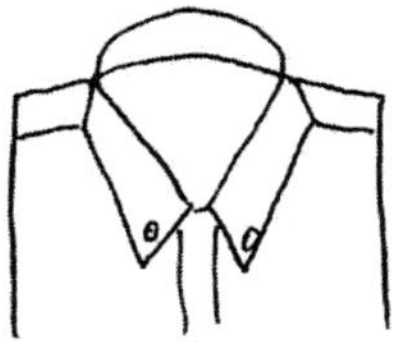

Button-down-Kragen

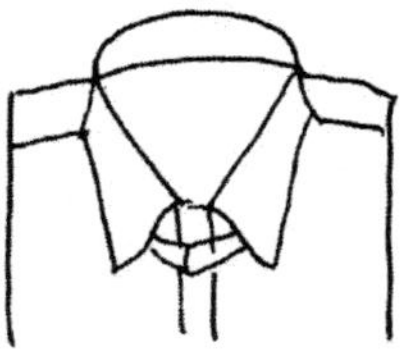

Tab-Kragen

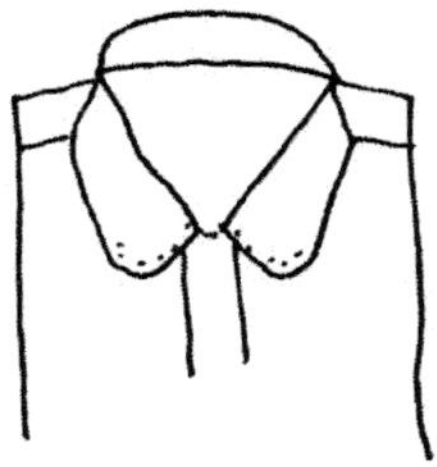

Rund-Kragen

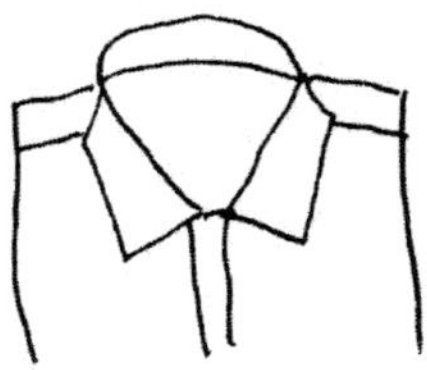

Haifisch-Kragen

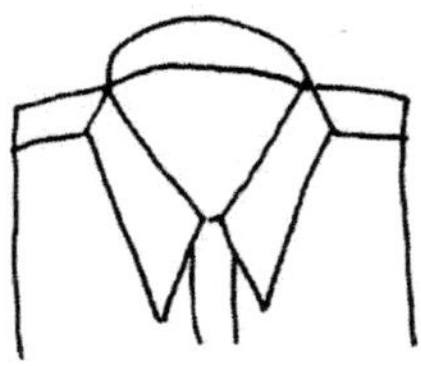

Italienischer Kragen

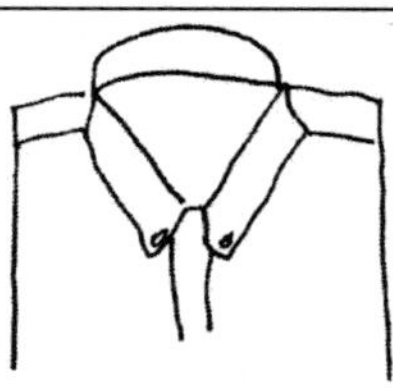

Piccadilly-Kragen

Hemden, zu denen eine Fliege getragen wird

	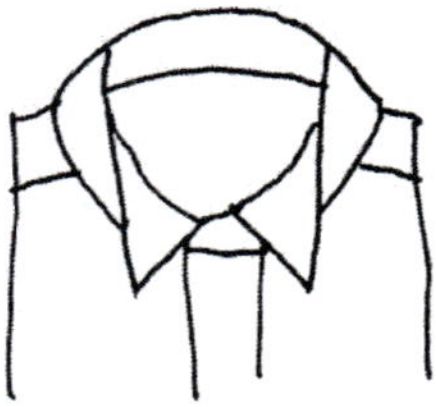
Kleine-Kläppchen-Kragen	Große-Kläppchen-Kragen

So sitzt das Hemd richtig

Bei richtiger Ärmellänge bedeckt die Manschette das Handgelenk und stößt gerade an die Daumenwurzel. Der Ärmel muss so lang sein, dass die korrekte Länge auch bei angewinkeltem Arm erhalten bleibt. Und nicht nur bei senkrecht hängender Hand.

Die Hemdmanschette schaut mindestens 1 cm aus dem Ärmel der Jacke hervor. Die herausschauende Hemdenmanschette verlängert optisch die Arme, wenn die Ärmellänge des Hemdes korrekt ist. Wer sehr kurze Arme hat, kann sich dies zunutze machen.

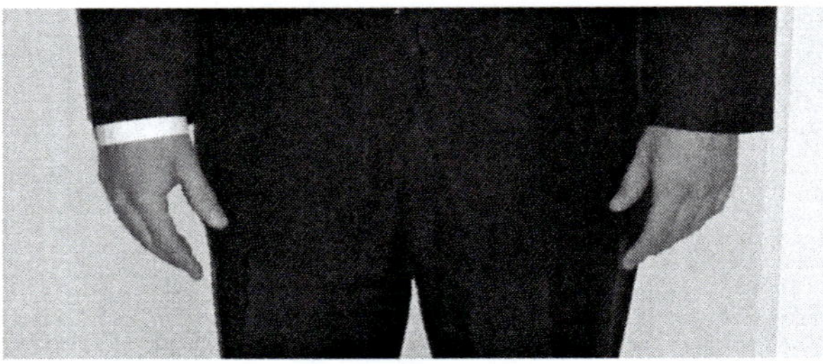

Die Spitzen eines gut geschnittenen Kragens berühren die Hemdbrust und heben sich bei keiner Bewegung des Kopfes davon ab. Sie werden vom Krawattenknoten geradezu in diese Position gezwungen.

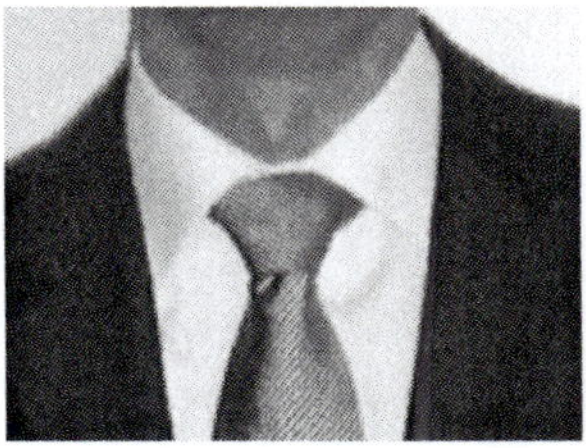

Der äußere Rand des Kragens und seine Spitzen sollten gerade von den Revers der Jacke bedeckt sein. Der Hemdkragen wird im Nacken nicht von der Jacke bedeckt. Er steht etwas über.

Der Krawattenknoten muss exakt im Dreieck zwischen den beiden Kragenschenkeln sitzen und dort auch verbleiben. Der oberste Hemdenknopf bleibt immer geschlossen.

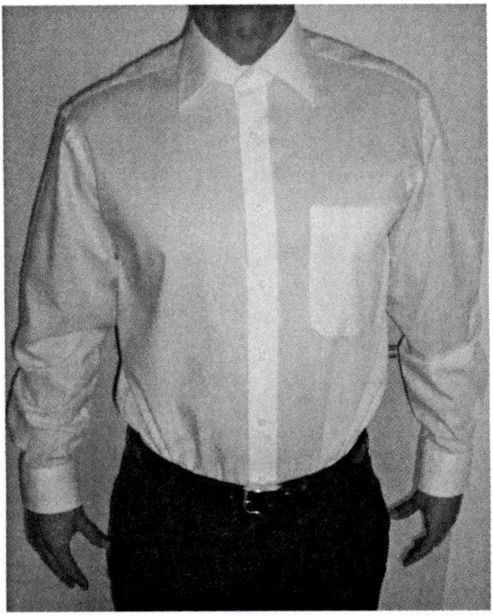

Die Knopfleiste des Hemdes ist in genauer Geraden mit Hosenschlitz verlängert; korrekt sitzendes Hemd

Hemden richtig zusammenlegen

Knöpfen Sie das gewaschene und gebügelte Hemd zu. Legen Sie es mit der Vorderseite nach unten ab. Klappen Sie die eine Hälfte herüber. Je nachdem, auf welche Größe Sie das Hemd falten wollen, knicken Sie es etwa auf der Hälfte der Schulter ein.

Klappen Sie anschließend den Ärmel nach unten. Wenn das Hemd Klappmanschetten hat, drehen Sie die Manschette flach auf die Seite.

Klappen Sie nun die andere Hälfte herüber. Achten Sie darauf, dass der Knick im rechten Winkel von der Schulter abwärts verläuft.

Klappen Sie auch den zweiten Ärmel ein. Das Hemd muss nun ein langes Rechteck ergeben, wobei sich die Form nach unten hin nicht verjüngen sollte.

Klappen Sie den unteren Teil des Hemdenrumpfes über die Manschetten. Falten Sie das Hemd nun so, dass der über die Manschetten gefaltet Rumpf am Kragen liegt. Drehen Sie das Hemd um. So ist es bereit, eingepackt zu werden.

Das Jackett

Um die richtige Länge des Sakkos zu ermitteln, lassen Sie Ihre Arme locker seitlich anliegend am Sakko herunterhängen. Dabei halten Sie Ihre Finger leicht gekrümmt - also nicht krampfhaft ausstrecken.

Wenn Sie mit Ihren Fingern unter den Jackensaum fassen können, dann ist die korrekte Jackenlänge gegeben. Das Sakko soll faltenfrei an der Vorderseite herunterhängen, und möglichst nicht auf der Hüfte aufliegen.

Übrigens:

Bei breitem Gesäß wählen Sie Jacken / Sakkos mit Seitenschlitzen oder mit glattem Abschluss.

Vor dem ersten Tragen

Lose oder locker sitzende Knöpfe annähen. Das Herstellerschildchen am Ärmel entfernen.

Jacke ausziehen?

Das Jackett wird der Herr im Laufe des Abends nicht ablegen! Es gehört zur Kleidung!

Nur im familiären Kreis kann von dieser Regel Abstand genommen werden. Hier könnte dann sogar - bei extrem hohen Temperaturen - den Gästen gleich bei der Begrüßung die Jacketts zum Aufhängen an die Garderobe abgenommen werden.

Es ist die alleinige Entscheidung des Gastgebers, ob er so verfahren will.

Knopf auf oder zu?

Im Stehen ist mindestens der mittlere Jackettenknopf geschlossen. Beim Sitzen sind alle Knöpfe geöffnet.

Wird eine Weste getragen, darf - wenn es leger sein soll - im Stehen die Jacke auch geöffnet bleiben. Westenknöpfe bleiben - bis auf den unteren - immer, also im Stehen wie im Sitzen, geschlossen.

Jackett, oberer Knopf geschlossen

Sakko / Einreiher	**Knöpfe geschlossen im Stehen bleiben:**	**Knöpfe im Sitzen**
2 Knöpfe	oberer oder beide	alle Knöpfe geöffnet
3 Knöpfe	mittlerer oder beide oberen	alle Knöpfe geöffnet
4 Knöpfe	beide mittlere oder drei oberen	alle Knöpfe geöffnet
	ganz schlanke Menschen lassen alle Knöpfe zu	
Sakko / Zweireiher		
4 Knöpfe	alle geschlossen	meistens bleiben die Knöpfe geschlossen. Sie können aber auch (dann aber alle) geöffnet werden, was bei mehrmaligem Aufstehen eher umständlich ist.
Westen	unterer geöffnet, alle anderen geschlossen	unterer geöffnet, alle anderen geschlossen

Übrigens:

Beim gleichzeitigen Tragen von Sakko und Weste können die Sakkoknöpfe im Stehen geöffnet bleiben.

Und noch etwas: Der Frack wird immer offen getragen!

Das Tuch um den Hals

Ein Gentleman ist jemand, der noch nie eine Geschichte schon einmal gehört hat.

Sir Alec Guiness, engl. Schauspieler (1914 – 2000)

Krawatte

Angeblich waren vor fast 400 Jahren (im 30-jährigen Krieg 1618 – 1648) die von Ludwig XIV bezahlten kroatischen Söldnertruppen, die ihre Halstücher ‚kroatische (Hravatska) Halsbinde nannten, und nach denen dann der Name ‚Croatta' gegeben wurde, die Auslöser für den heutigen Namen der Krawatte.

Sonnenkönig Ludwig XIV hielt sich einen ‚cravatier', der ihm jeden Morgen eine Auswahl Krawatten vorlegte.

Nach wie vor gilt die Krawatte für den Herrn im Business als Muss, wenn von einigen kreativen Berufszweigen abgesehen wird. Immer wieder gibt es den Versuch, auch ohne Krawatte als korrekt gekleidet zu gelten. So ist mancherorts der ‚Casual Friday' übernommen. Diesbezüglich berichtete der ‚Spiegel: „... junge Chefs, wie Ulrich Schumacher, Vorsitzender des von Siemens an die Börse gebrachten Chip-Herstellers Infineon, gestatten ihren Leuten längst oben ohne, auch unter der Woche. Noch als Siemens-Manager, erntete der jetzt 42-jährige Schumacher böse Blicke, wenn er im Pullover zur Vorstandssitzung erschien. Bei Infineon arbeiten sogar Vorstände in Jeans."

Quelle: Der Spiel 38/2000 Frank Hornig, Wolfgang Reuter

Ob das heute auch noch gilt?

Der Krawattenknoten

Der Krawattenknoten kann die Halspartie strecken (zum Beispiel die längliche, leicht asymmetrische Form des ‚Four-in-Hand-Knotens') oder die Halspartie verkürzen (zum Beispiel der symmetrische ‚Windsor-Knoten').

Dem Knoten sollte keine Gewalt angetan werden. Ein zu fest zugezogener und an den Seiten gequetschter Knoten sieht sicherlich nicht besonders elegant aus.

Der um den Hals gelegte, schmale Teil der Krawatte, ist hundertprozentig hinter dem Hemdkragen versteckt.

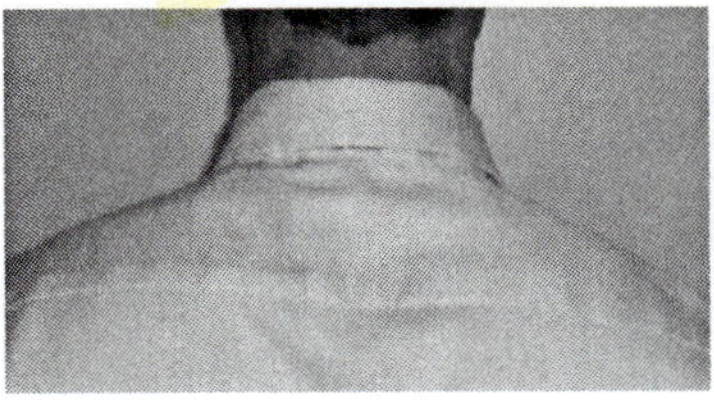

Korrekt sitzende Krawatte

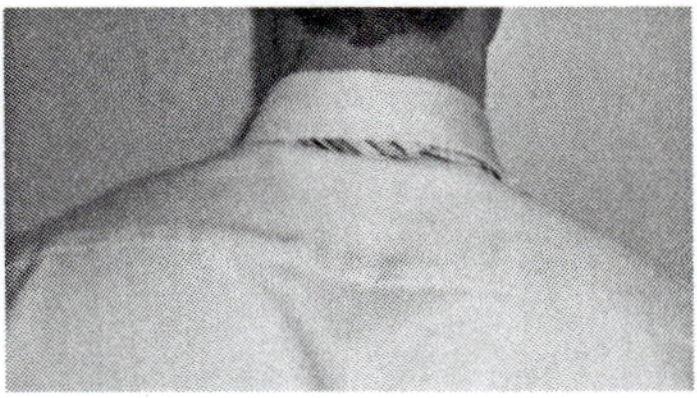

Krawatte ist nicht richtig unter dem Hemdkragen versteckt

Passantino

Der Passantino ist die rückseitige Schlaufe an der Krawatte, zum Einstecken des unteren, schmalen Endes der Krawatte.

Die Länge der Krawatte

Die Krawatte ist richtig gebunden, wenn die Krawattenspitze im Stehen auf der Gürtelschnalle zu liegen kommt.

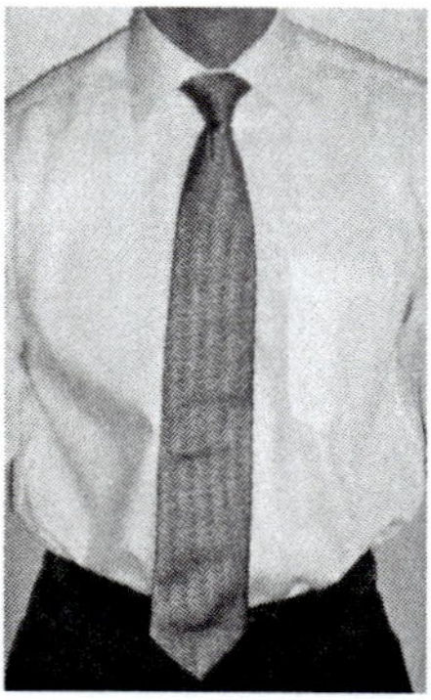

Krawatte zu lang

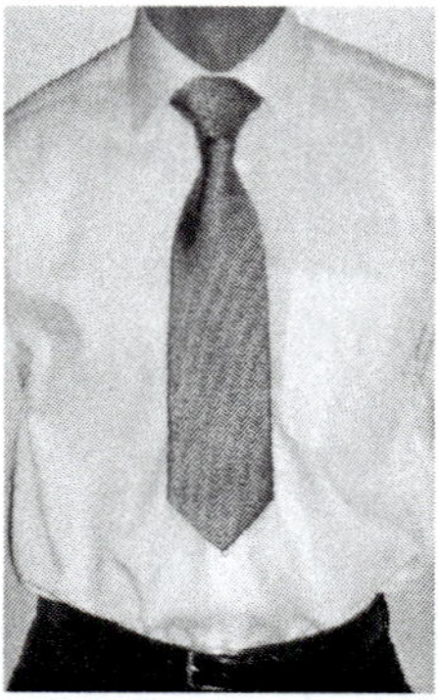

Krawatte zu kurz

Krawatte auf Gürtelschnalle aufliegend; richtige Länge. Ebenso ist es möglich, die Krawatte kurz über der Gürtelschnalle enden zu lassen.

Krawatte akkurat gebunden

Krawatte zu locker gebunden

Das Binden von Krawatten

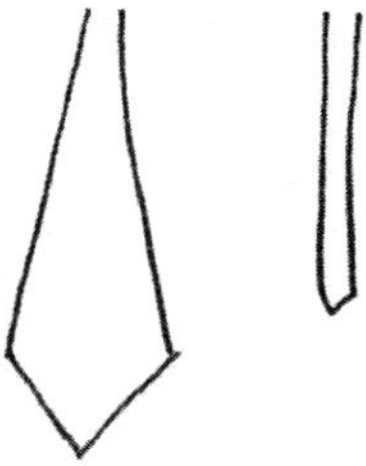 Original	In den folgenden Zeichnungen wird davon ausgegangen, dass bei der um den Hals gelegte Krawatte rechts das breitere Ende zu hängen kommt. Im Spiegelbild ist das dann umgekehrt abgebildet, weshalb in den folgenden Zeichnungen immer das Bild des Spiegels gegeben wird.	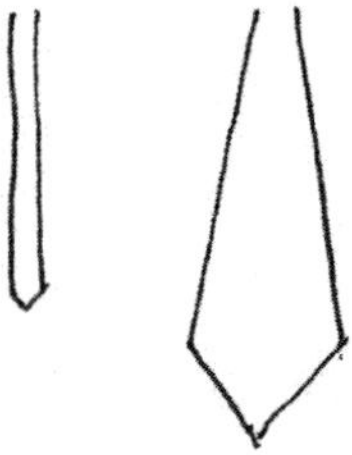 Spiegelbild

Der Four-in-Hand-Knoten

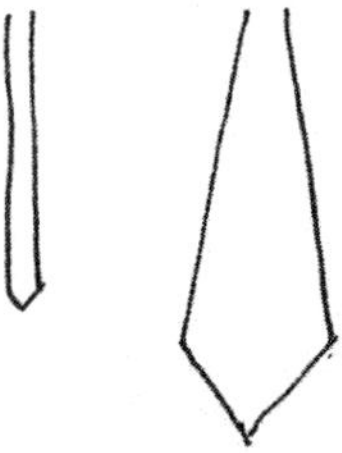 Legen Sie die Krawatte so um den Hals, dass das breitere Ende im Spiegelbild rechts liegt. Das breitere Ende muss deutlich länger herunterhängen als das schmalere Ende.	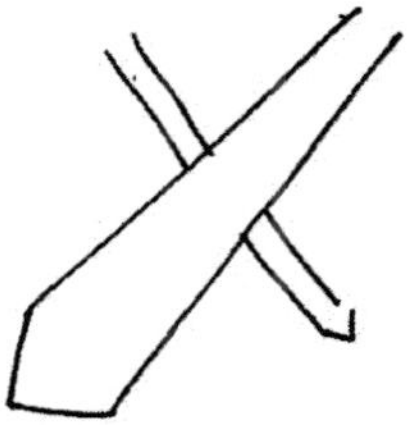 Fassen Sie das breite Ende und legen es nach links über das schmale Ende.

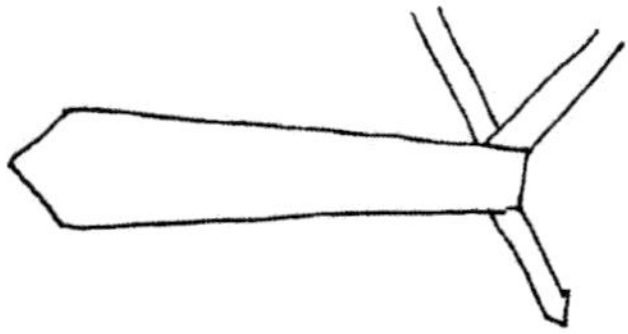

Legen Sie das breite Ende nach links weg.

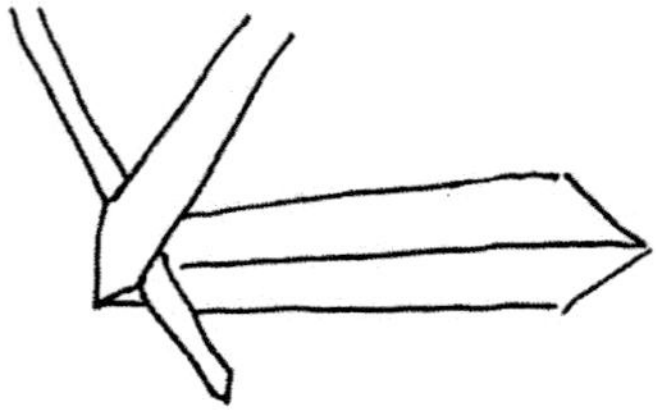

Führen Sie das breite Ende hinter dem entstandenen Knoten wieder nach rechts weg.

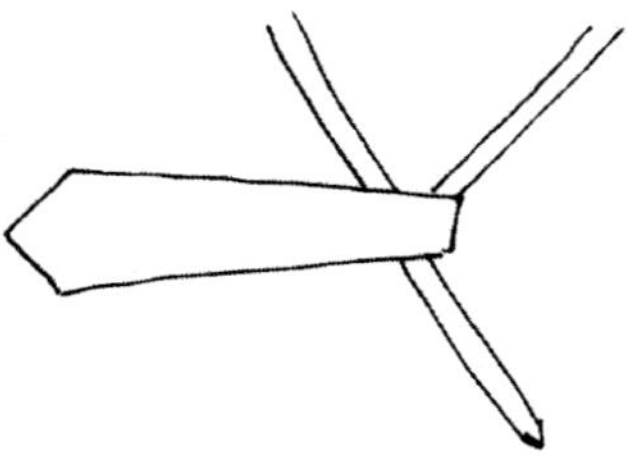

Legen Sie das breite Ende noch einmal nach links weg.

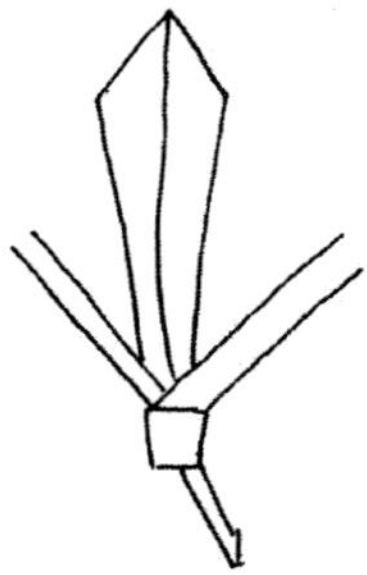

Ziehen Sie das breite Ende von unten hinter dem Knoten nach oben.

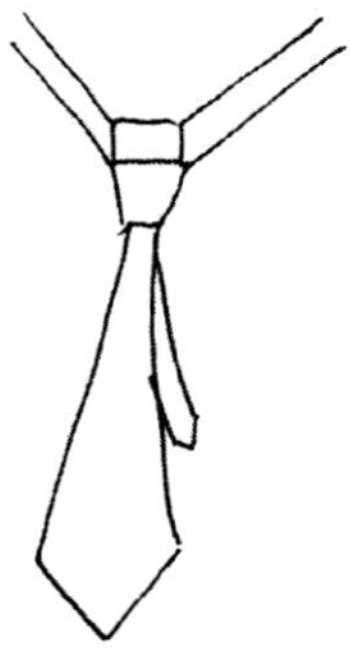

Führen Sie das breite Ende der Krawatte zwischen die äußerste und die darunter liegende Lage des Knotens und ziehen Sie es nach unten durch.

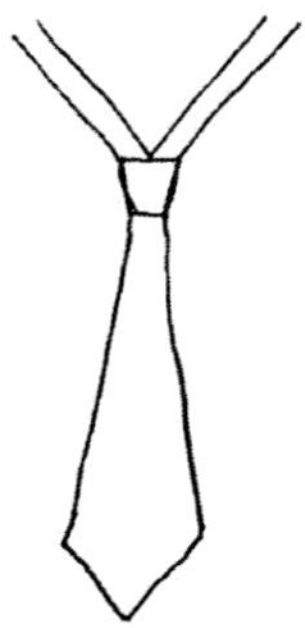

Halten Sie das schmale Ende der Krawatte fest und ziehen Sie den Knoten langsam zu.

Der Windsor-Knoten

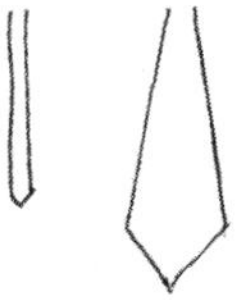

Legen Sie die Krawatte so um den Hals, dass das breitere Ende im Spiegelbild rechts liegt. Das breitere Ende muss deutlich länger herunterhängen als das schmalere Ende.

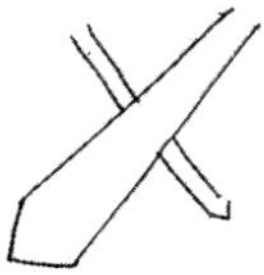

Fassen Sie das breite Ende und legen es nach links über das schmale Ende.

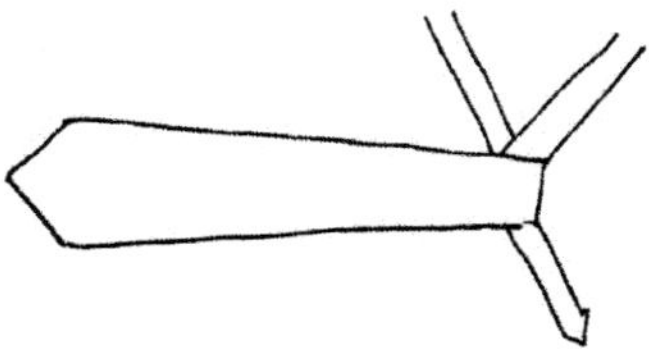

Legen Sie das breite Ende nach links weg.

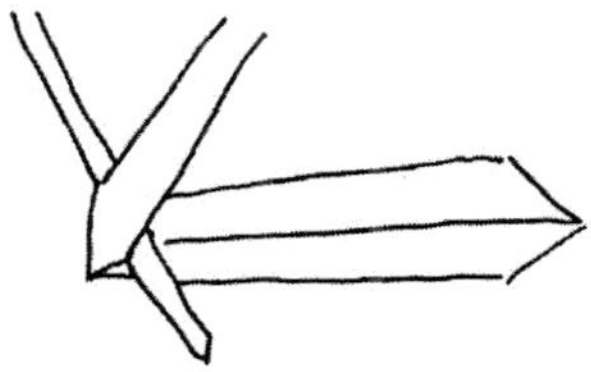

Führen Sie das breite Ende hinter dem entstandenen Knoten wieder nach rechts weg.

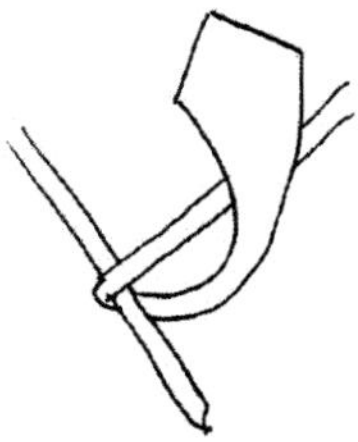

Bringen Sie das breite Ende nach oben über den Knoten.

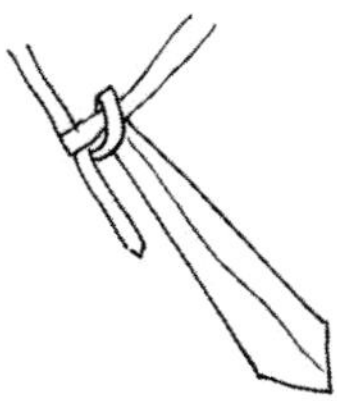

Das breite Ende hinter dem Knoten wieder nach unten durchziehen.

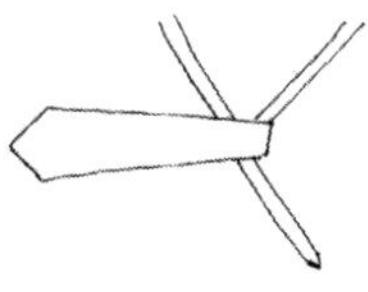

Legen Sie das breite Ende wieder nach links weg.

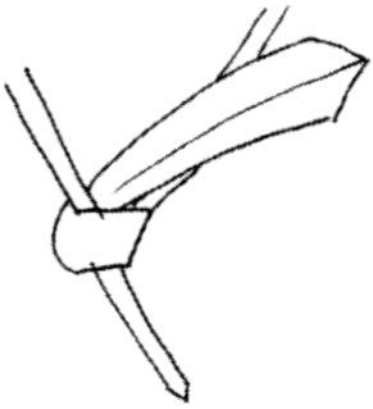	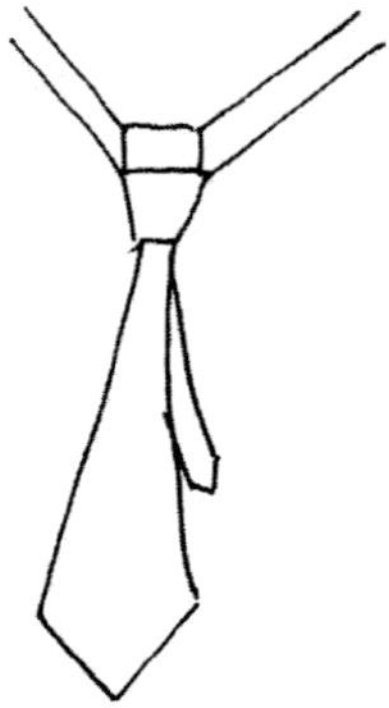	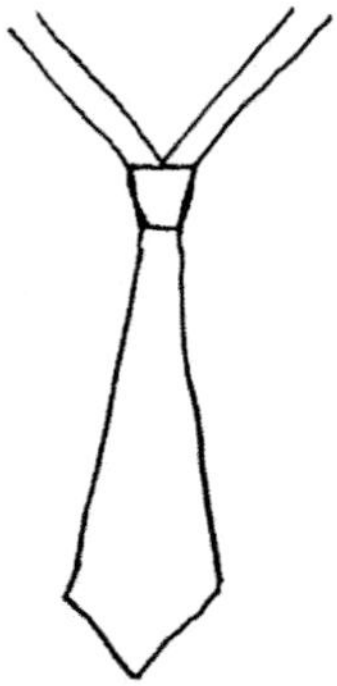
Ziehen Sie das breite Ende von unten hinter dem Knoten durch.	Führen Sie das breite Ende der Krawatte zwischen die äußerste und die darunter liegende Lage des Knotens und ziehen Sie es nach unten durch.	Halten Sie das schmale Ende der Krawatte fest und ziehen Sie den Knoten langsam zu.

Der doppelte Windsor-Knoten

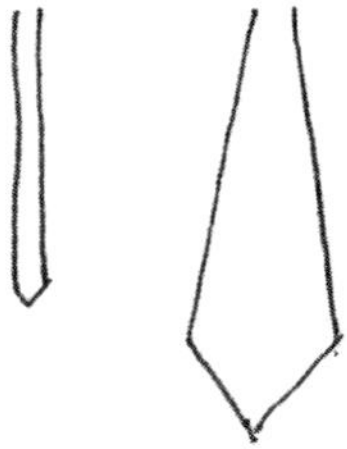	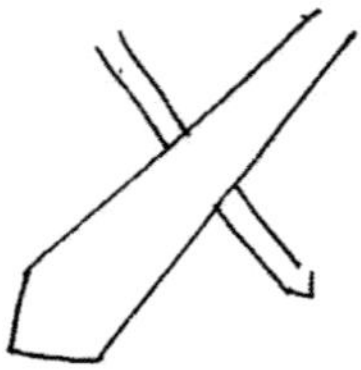	
Legen Sie die Krawatte so um den Hals, dass das breitere Ende im Spiegelbild rechts liegt. Das breitere Ende muss deutlich länger herunterhängen als das schmalere Ende.	Fassen Sie das breite Ende und legen es nach links über das schmale Ende.	Legen Sie das breite Ende nach links weg.

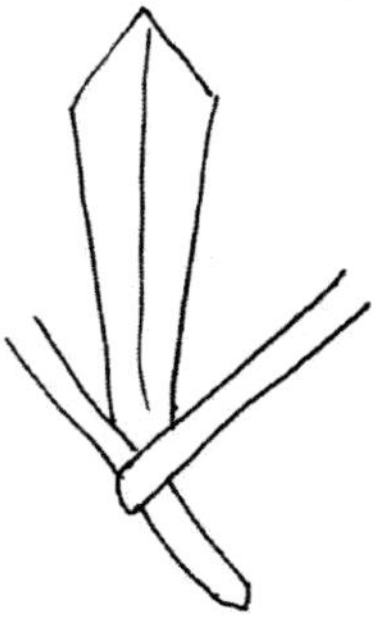

Ziehen Sie das breite Ende von unten hinter dem Knoten durch.

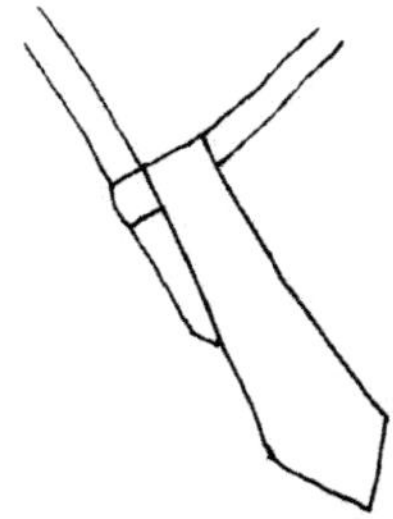

Klappen Sie das breite Ende über den Knoten von vorn.

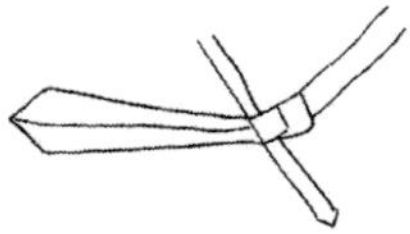

Ziehen Sie das breite Ende hinter dem Knoten nach links.

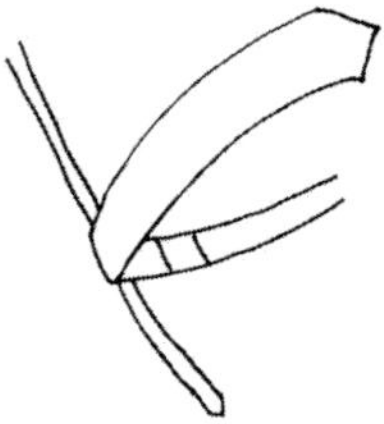

Heben Sie das breite Ende vor dem Knoten nach oben.

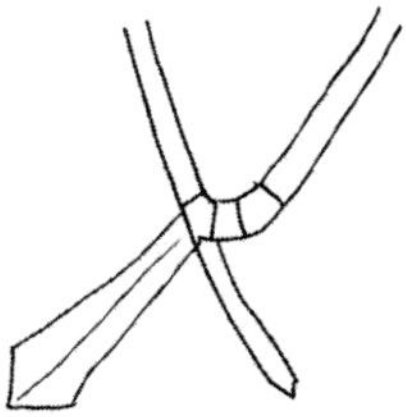

Ziehen Sie das breite Ende hinter dem Knoten durch.

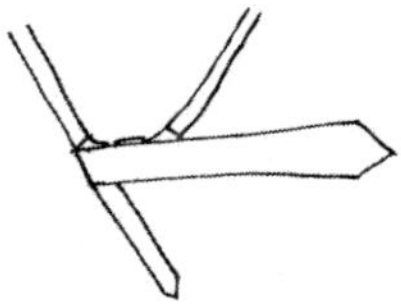

Legen Sie das breite Ende nach rechts weg.

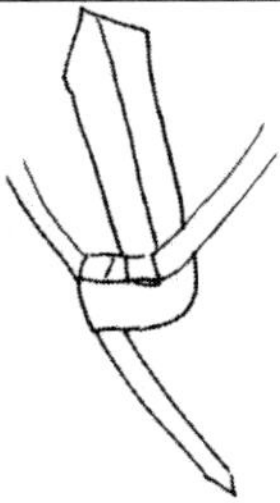

Führen Sie das breite Ende hinter dem Knoten nach oben.

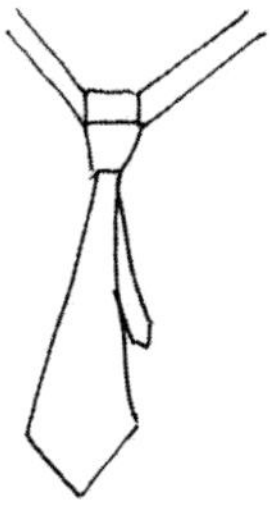

Führen Sie das breite Ende der Krawatte zwischen die äußerste und die darunter liegende Lage des Knotens und ziehen Sie es nach unten durch.

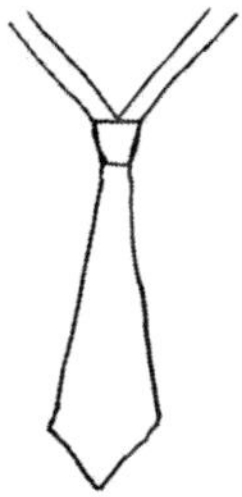

Halten Sie das schmale Ende der Krawatte fest und ziehen Sie den Knoten langsam zu.

Die drei gängigsten Krawattenknoten nebeneinander

Krawatte Four-in-Hand-Knoten	Krawatte Windsor-Knoten	Krawatte Doppelter Windsor-Knoten

Die Fliege

Die Fliege stellt sozusagen die gehobene Kunst des geformten Halstuches dar. Gehen Sie wie folgt vor:

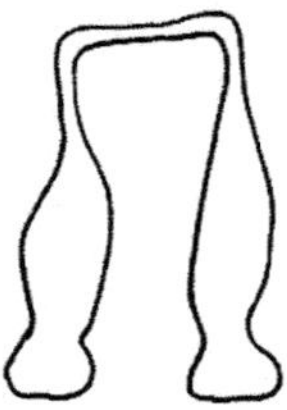		
Legen Sie beide Enden der Fliege um Ihren Hals, nachdem Sie die Halslänge passend eingestellt haben.	Ziehen Sie das linke Ende über das rechts herunterhängende Ende.	Ziehen Sie das nach rechts zeigende Ende von unten hinter dem Knoten nach oben durch, Dort halten Sie das Ende fest.

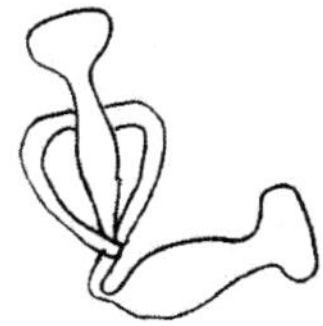 Das herunterhängende linke Ende wird nun am dicken Teil nach vorn geklappt.	 Dieser nach vorn geklappte Teil wird nun wieder nach vorn halbiert und so zu einer Schlaufe geformt.	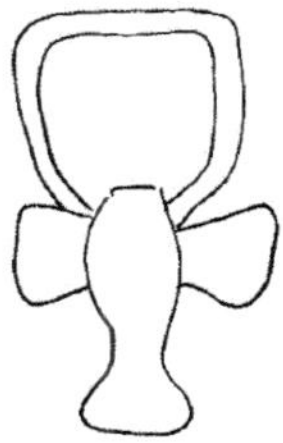 Das nach oben gehaltene Teil nun nach vorn runter fallen lassen.
 Das vorn liegende Ende wird wieder halbiert.	 Das halbierte Teil von der Seite hinter die quer stehende Schlaufe als weitere Schlaufe stecken.	 Fertig gebundene Fliege.

Übrigens:

Kenner sagen: Statt einer fertig gebundenen Fliege besser eine Schleife wählen. Denn: Schnüren wir Schnürsenkel nicht auch?

Der Plastron

Auch ‚das' Plastron genannt. Ein Plastron ist der Vorläufer der Krawatte. Er wird mit seinen beiden breiten Enden ähnlich wie eine Krawatte gelegt, und vorn mit einer (Perlen-)Nadel zusammen gesteckt und gleichzeitig verziert.

Er wird zum Cut oder zum festlichen Abendanzug mit Weste getragen.

Jäger tragen übrigens ebenso einen Plastron.

Das Einstecktuch

Out - oder doch aktuell?

Wem es gefällt, steckt es sich ein. Es passt dann, wenn Sie ein Jackett tragen. Also zum Anzug, zur Sportjacke oder zum Blazer, auch wenn Sie dazu eine Jeans bevorzugen. Das Einstecktuch kann gleichzeitig mit der Krawatte getragen werden, muss aber nicht.

- Legen Sie das Einstecktuch ausgebreitet auf Ihre linke Handfläche.
- Mit der rechten Hand nehmen Sie das Tuch vorsichtig mit Daumen und Zeigefinger.
- Ihre rechte Hand hebt das Tuch an und schüttelt es ein wenig aus.
- Ihre linke Hand umfasst das Tuch locker am unteren Ende.
- Mit der rechten Hand greifen Sie das Tuch an der unteren Hälfte und knicken es vorsichtig um.
- Mit der rechten Hand stecken Sie das Tuch in die Brusttasche, die sie gleichzeitig mit der linken Hand aufhalten.
- Mit Daumen und Zeigefinger beider Hände können Sie das Tuch zurechtzupfen.
- Das fertige Einstecktuch in der Brusttasche sieht wie hingeworfen aus.

Krawatte und Einstecktuch haben nicht dieselbe Farbe. Ein weißes Einstecktuch passt aber fast immer.

Optische Brillen

Optische Brillen sollen die Persönlichkeit unterstreichen, nicht aber von dieser ablenken. Halten Sie die Brillengläser sauber, denn verschmierte oder verstäubte Gläser erscheinen ungepflegt. Dabei passen zur runden Gesichtsform eckige Brillengestellte, zu kantigen eher runde, zu länglichen Gesichtsform ein großes und/oder breites Gestell. Haben Sie eine ovale Gesichtsform? Dann passt fast jedes Brillengestell.

Gürtel

Der Gürtel hat dann die richtige Länge. wenn vor und nach der Schnalle noch je mindestens ein Gürtel-Loch zu sehen sind.

Die Business-Socke

Ein in vielen Teilen der Welt gefürchteter Anblick: Das entblößte Männerbein. Die dunkle Socke lässt die weiße Haut noch auffälliger hervorblitzen. So ist es richtig: Das nackte Bein wird in keiner Sitzposition sichtbar. Diese Regel gilt auch im Sommer. Dann empfehlen sich hauchdünne Kniestrümpfe aus Wolle - Seide tut es natürlich auch. Zu schwarzen Schuhen werden keine blauen Socken getragen.

Übrigens:

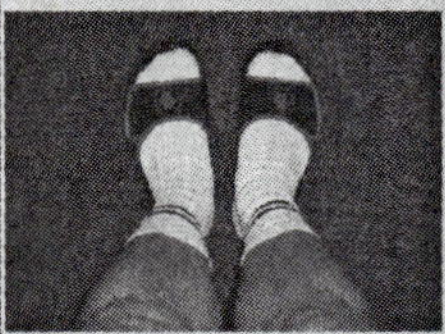

Weiße Socken sind auf dem Tennis-Platz und bei der ein oder anderen Sportart richtig gewählt, haben aber im Business (Ausnahme zum Beispiel: div. Personal im Krankenhaus) nichts verloren.

Die Business-Schuhe

Nach wie vor ist der schwarze Schnürlederschuh das richtige Gehwerkzeug für den Herrn im Business-Outfit.

Sehr bekannt sind die Budapester Schuhe, deren Kappe (die Schuhspitze) etwas erhöht ist, damit sich die Zehen bewegen können. Das Blatt ist herzförmig geteilt und schwingt zu beiden Seiten des Schuhes elegant aus.

Punkt-Stanzungen (Lyra-Lochung) im Oberleder geben ein ansprechendes Muster.

Tragen Sie Schuhe nicht unmittelbar an zwei Tagen hintereinander. Die Schuhe nach Gebrauch 24 Stunden ruhen lassen. Das Leder muss sich erholen.

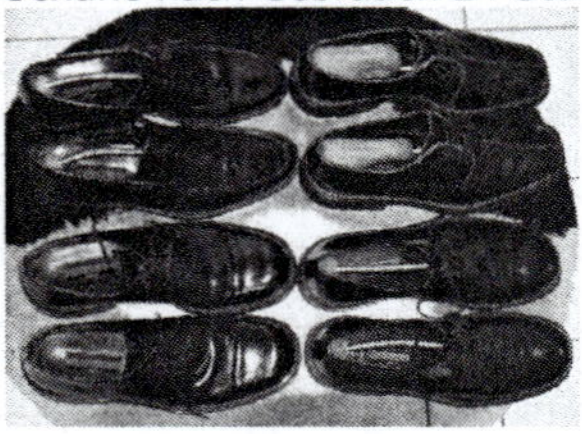

Spannen Sie über Nacht Holzschuhspanner in den Schuh, damit das Leder keine Falten bekommt und seine Form halten kann.

Feucht gewordene Schuhe nicht unter Heizungen stellen, da das Leder sonst spröde wird. Nasse Sohlen trocknen am besten, wenn die Schuhe auf die Seite gelegt werden.

Übrigens:

Zum Business gehören Ledersohlen.

Stiefel und Schuhe mit Schnallen

Cowboystiefel immer nur mit Jeans tragen. Die Jeans wird immer ohne Bügelfalte getragen! Wenn Sie Schnallenschuhe bevorzugen, dann soll dasselbe Metall am Schuh wie am Gürtel sein.

Kofferpacken für Herren

Die Öffentlichkeit hat eine unersättliche Neugier, alles zu wissen, außer dem Wissenswerten

Oscar Wilde [Oscar Fingall O'Flahertie Wills], ir. Lyriker (1854 – 1900)

Jackett ohne Knittern transportieren

Wie bekomme ich die Kleidung so sauber in den Koffer, dass sie am Zielort möglichst knitterfrei das Gepäckstück verlässt?

Gehen Sie wie folgt vor:

- Wenden Sie bei der einen Hälfte der Jacke das Innere nach außen.
- Stülpen Sie nun die Schulter vollständig nach außen um.
- Die nicht nach außen gewendete Seite der Jacke wird nun nach hinten geklappt und in die nach außen gestülpte Schulter geschoben.
- Nun liegt das unempfindliche Jackenfutter nach außen.
- Die ineinander geschobenen Schulterjacken sind gegen Druck geschützt.
- Die Jacke ist nun längs gefaltet. Sie lässt sich so weiter zu einem handlichen und unempfindlichen Paket packen, das nun problemlos in den Koffer passt.

Teil 4 - Farbe und Geruch

Mit allen Sinnen arbeiten

Kleine Farbpsychologie in der Berufs-Kleidung

Ein Diplomat ist ein Mann, der nach seiner Lieblingsfarbe befragt, antwortet: kariert

Robert Lembke, dt. Fernsehmoderator (1913 – 1989)

Farbe zeigen

Im Mittelalter übernahm die Farbe der Kleidung eine bedeutende Rolle.

So durften Bauern nur naturfarbene Kleidungsstücke, also braun, grau oder schwarz tragen. Bestenfalls zu Feiertagen war ein Blauton erlaubt. Diese Farben sollten Armut oder Demut ausdrücken. Der Standesunterschied wurde bereits durch die Farbwahl deutlich gemacht. Es versteht sich demnach fast von selbst, dass Pelze oder Schmuck für den Bauern tabu waren.

Und so wirken die Farben auf die meisten Menschen in unserer heutigen Gesellschaft ... Aber: Alles im Folgenden aufgelistete gilt überwiegend für die westlich geprägte Kultur.

- grün
  - „Grün ist die Hoffnung", so heißt es. Deshalb steht diese Farbe für einige Menschen für die Hoffnung.
  - Grün steht symbolisch für Natur, Umwelt, Menschlichkeit.
  - Grüne Kleidung des Gesprächspartner lässt vermuten, dass dieser ein ‚netter' Mensch ist, aber nicht unbedingt zielorientiert handelt. Deshalb finden wir die grüne Farbe in der Business-Kleidung so gut wie überhaupt nicht. Ist Menschlichkeit im Berufsleben etwa nicht gefragt?
  - Sorgt für gesteigerte Aufmerksamkeit.
  - Steigert Konzentration.
  - Grün beruhigt, weswegen oft im Operationssaal grüne Kittel zu finden sind.

- rot
  - Rot bedeutet Wärme, Zuneigung, Liebe, aber auch Energie, Durchsetzungskraft, Bewegung, Vitalität.
  - Gegebenenfalls erzeugt diese Farbe in uns einen Aufbau von Aggression, Aufbegehren, ja fast den Wunsch nach einer ‚Revolution'.
  - Lässt den Blutdruck steigen.
  - Ebenso steigt die Herz- und Atemfrequenz an.
  - Rote Kleidung des Gesprächspartners lässt vermuten, dass dieser impulsiv - ‚aus dem ‚Bauch heraus' - und spontan handelt. Er hat Durchsetzungskraft und haut ggf. auch mal mit der Faust auf den Tisch. Wirkt demnach manchmal zu aggressiv - und damit verkaufshemmend, bzw. gesprächshemmend - auf den Kunden.

- blau
  - Steht für viele als Kühle, Frische, Weite.
  - Wirkt auf die meisten Menschen beruhigend, dämpfend, bewahrend.
  - Wirkt muskelentspannend.
  - Hinterlässt den Eindruck, dass die gegebenen Informationen korrekt sind.
  - Blaue Kleidung des Gesprächspartners lässt seriöses Auftreten vermuten. Das, was der Gesprächspartner sagt, stimmt. Deshalb finden wir die blaue Farbe in der Business-Kleidung überdurchschnittlich häufig.
  - Ist die Lieblingsfarbe vieler Menschen.
  - Gern bevorzugte Farbe in der Dienstkleidung.

- gelb
  - Gelb wird gerne als Signalfarbe benutzt. Gelb steht für Frische und Kraft.
  - Optimismus, positives Denken.
  - Wirkt aufheiternd und steigert die Kommunikation.
  - Unterstützt Denken und geistige Aktivitäten.
  - Gelbe Kleidung des Gesprächspartners lässt vermuten, dass dieser gerne auf sich aufmerksam macht. „Achtung: Hier komme ich!" Eventuell leicht aufdringlich wirkend.

- orange
  - Orange gilt als lebensbetonende Farbe.
  - Steht für Heiterkeit und Vitalität.
  - Bereit zur Kommunikation.
  - Hinterlässt den Eindruck, dass die gegebenen Informationen oberflächlich sind.
  - In der Geschäfts-Kleidung eher selten zu finden. (Heiterkeit und Business liegen wohl nicht nahe beieinander?) Kann in Kombination mit anderen Farben (zum Beispiel Schwarz) interessante Variationen bilden.

- violett
  - Signalisiert das Bedürfnis, andere anzutreiben, zu überzeugen und zu begeistern.
  - Manchmal als emotionale Unreife gedeutet.
  - Manchmal als nichtkonforme Sexualität gedeutet.
  - Taucht angeblich in der Kleidung bei Menschen in der Midlifecrisis auf.
  - In der Geschäfts-Kleidung eher selten zu finden.

- braun
  - Die braune Farbe ist die Farbe vieler Genussmittel wie Schokolade, Kaffee, Tabak usw.
  - Zeigt den Wunsch nach Erdverbundenheit. Nach Geborgenheit und Zuneigung.
  - Von modischen (Herbst-) Farben abgesehen, in der Geschäfts-Kleidung allerdings eher selten zu finden.

- schwarz
  - Der Zauberer trägt gerne schwarze Kleidung. Er verrät uns nicht alles. Schwarze Kleidung des Gesprächspartner lässt vermuten, dass dieser noch ‚einiges im Ärmel' hat (wie ein Magier), uns aber nichts verrät. Da er uns nicht alles verrät, also Geheimnisse zurückhält, wird schwarze Business-Kleidung nur in bestimmten Bereichen (wie Design, Medien usw.) akzeptiert.
  - Andererseits wirkt schwarz auch nobel, gehoben, wie sich bei der Abendgarderobe leicht erkennen lässt.
  - Auf viele Menschen der mittleren bis oberen Altersklassen eher unangenehm wirkend, weil oft mit Trauer verbunden.
  - Wirkt stark, kräftig, nicht bereit zur Diskussion.

- weiß
  - Weiß steht in unserer Kultur für Unschuld, Reinheit, Sauberkeit.
  - Weiße Kleidung des Gesprächspartner lässt vermuten, dass dieser sauber und ‚unschuldig' ist. Signalisiert aber auch, dass der Mensch ‚ein unbeschriebenes Blatt' ist, also wenig Ahnung von seiner Materie hat.
  - Weiß in Kombination mit einer anderen Farbe wirkt auf viele angenehm.

- grau
  - Ein Synonym für die ‚graue Maus'.
  - Graue Kleidung des Gesprächspartners lässt vermuten, dass dieser zwar ausgesprochen tüchtig ist, aber eher unauffällig im Hintergrund arbeiten möchte.
  - Gern bevorzugte Farbe bei beratender Tätigkeit, oder bei Übersetzern / Dolmetschern.
  - Wirkt unauffällig, unaufdringlich.
  - Wahrung von Distanz.
  - Reizt nicht zu Handlungen oder Aktionen. Daher nicht oft eingesetzt in Werbung oder Verkauf.
  - Grau in Kombination mit Schwarz oder Weiß kann interessante Schattierungen ergeben.

Wenn es Ihnen Vergnügen bereitet, analysieren Sie doch einmal verschiedene Werbespots nach dieser Farbauflistung. Sie werden sich wundern, wie dort mit der psychologischen Wirkung der Farbe gearbeitet wird.

Von wohlduftenden Gerüchen

Es ist ein Jammer, dass man die guten Manieren so viel schneller los wird wie die schlechten

William Summerset Maugham, engl. Erzähler (1874 - 1965)

Parfüm

Auch das Parfüm soll nicht zu stark aufgetragen sein. Unser Gegenüber würde ein zu intensiver Geruch bestenfalls von geschäftlichen Gedanken abbringen.

Wie beim Make-up, gilt, dass das Parfüm Ihre Persönlichkeit unterstreichen soll.

Geruchseindruck einer Duftkomposition

Notengebung beim Parfum:

- Kopf-Note bzw. Top-Note
  - Die Kopf-Note ist die Bezeichnung für den ersten Eindruck, den wir von einem Duft bekommen. Die Top-Note oder Spitze, der erste Geruchseindruck beim Testen einer Duftkombination, weckt unser Interesse. Sie besteht vorwiegend aus leichten, flüchtigen Duftstoffen, mit Anklängen an die Mittel-Note und die Basis-Note.
- Mittel-Note
  - Nachdem die Wahrnehmung der Kopf-Note verblasst, ist die Mittel-Note oder das ‚Bouquet' zu riechen. Dann geht die Wahrnehmung auf die Basis-Note über.
- Basis-Note
  - Die Basis-Note oder der ‚Fond' ist die dritte Geruchsfarbe, die eine Duftkomposition annimmt. Nachdem die Kopfnote oder die Spitze verklungen ist, riechen wir die Mittelnote oder das ‚Bouquet', das in die Basis-Note übergeht. Typische Basis-Noten bei Herrendüften sind Moschus, Eichenmoosöl oder Ambra und Vanille.

Parfüm-Noten

Folgende Parfüm-Noten sind üblich:

- Blumig

- Der Duft von Blumen oder eine Mischung aus mehreren Blütennoten. Etwa die Hälfte der verkauften Parfums können als blumig bezeichnet werden.

- Chypre
  - bezeichnet eine Gruppe von Düften, die eine frische Kopf-Note mit einer Basis-Note aus Eichenmoosöl, Labdanum und Patschuli verbinden, um die Hauptbestandteile zu nennen.
- Citrus
  - ist eine frische Kopf-Note aus Bergamott-Öl, Zitrone, Limone, Mandarine, Orange oder Bitterorange, die wir bei vielen Herrendüften finden.
- Fougère (Farn)
  - bezeichnet eine Duftnot aus frischen Kräuterdüften, wie zum Beispiel Lavendel auf einer Moos-Grundlage.
- Gewürz-Note
  - Viele Herrendüfte enthalten Gewürz-Noten wie Majoran, Koriander oder Pfeffer. Auch Zimt ist beliebt.
- Holz-Note
  - Typische Holz-Noten sind Zeder, Patschuli, Sandel oder Vetiver. Wir finden eine Holznote in vielen Herrendüften.
- Leder-Note
  - Die Leder-Note ist typischer Bestandteil klassischer Herrendüfte. Zum Beispiel aus Moschus, Moos und Ambra.
- Orientalische Note
  - Die orientalische Note erinnert an Düfte des Ostens. Sie sind süß, stark und schwer.
- Tabak-Note
  - Die Tabak-Note ist typisch für Herrendüfte. Neben Stoffen, die den Geruch des Tabaks nachahmen, werden auch die Noten von Stoffen verwendet, die zur Parfümierung von Tabakwaren eingesetzt werden, wie etwa Pflaume oder Honig.

Parfüm-Lösungen

Als Parfüm-Lösungen werden bezeichnet:

- Eau de Cologne
  - ist eine Lösung aus drei bis fünf Prozent Parfümöl in einer Mischung aus Alkohol und Wasser. Ein Eau de Cologne soll vor allem erfrischen und besteht überwiegend aus Citrus-Ölen.
- Eau de Parfum
  - Das Wort kommt aus dem lateinischen ‚per fumum' (durch den Rauch). In der Antike wurden duftende Harze als Opfergabe

verbrannt. Heute ist ein Parfum eine Lösung aus 15 bis 30 Prozent Parfümöl und Alkohol. Parfum ist das teuerste Duftwasser, da es die höchste Konzentration an Parfümöl enthält.

- Eau de Toilette
  - Eau de Toilette ist eine Lösung aus vier bis acht Prozent Parfümöl in Alkohol.
- Parfum
  - Eau de Parfum ist eine Lösung aus 15 bis 18 Prozent Parfümöl in Alkohol. Da es deutlich mehr Parfümöl enthält, ist es auch teurer als Eau de Cologne oder Eau de Toilette.

Und zu guter Letzt

- ‚Absolues'
  - Absolues sind reine, natürliche Öle und Extrakte aus Blüten und anderen Pflanzenteilen. Aufgrund der geringen Ausbeute im Verhältnis zum Pflanzenmaterial sind ‚absolues' sehr wertvoll und teuer.
- ‚Akkord'
  - Ein Akkord ist eine Mischung verschiedener Düfte, die einen ‚Zusammenklang' erzeugen. Ein Akkord kann aus zwei bis mehreren 100 Düften bestehen.
- Leicht
  - Als leicht gelten frische, fruchtige, grüne und citrusartige Düfte. Leichte Düfte sind relativ flüchtig, weswegen sie meist in der Kopf-Note gefunden werden.
- Männlich
  - Als männlich gelten trockene Duftnoten wie Tabak, Leder, Kräuter, Gewürze, Moose und Hölzer. Männliche Düfte sind in der Regel weniger floral (blumig) als Damendüfte. In den letzten Jahren sind männliche Düfte und Damendüfte immer ähnlicher geworden, bis hin zu Unisex-Düften für Männer und Frauen.
- Süß
  - Ein bekannter süßer Duftstoff ist die Vanille. Wir finden ihn in der Basis-Note vieler Herrendüfte.

Mundgeruch, Deo und Schweiß

Neben dem oft als angenehm empfundenen Geruch eines dezent aufgetragenen Parfüms, kommt manch einer aber auch mit anderen überdeutlich wahrnehmbaren Gerüchen an. Also: Vor wichtigen Verhandlungen (schon am Vortag), keinen Knoblauch und keine Zwiebeln essen. Kaugummi mag zwar eine reinigende Wirkung Ihres Gebisses haben, aber im zwischenmenschlichen Bereich wirken sie eher unangenehm.

Deshalb vor dem Zusammentreffen den Kaugummi aus dem Mund entfernen, und zwar am besten in das Stanniolpapier, in dem der Kaugummi vorher verpackt war.

Es versteht sich, dass gekaute Kaugummis weder unter die Tischplatte, noch in den Aschenbecher oder auf den Boden gehören!

Als schnelle Hilfe gelten Pfefferminz oder Mundspray. Die Wirtschaft gibt inzwischen auch wohlriechende Mundplättchen heraus, die kurz vor Kontakt in den Mund gelegt werden können, und die sich dort ganz schnell auflösen. Sie hinterlassen einen erfrischenden Mundgeruch für eine gewisse Zeit.

Übrigens:

Unabhängig Ihres Auftretens: Eine Alkoholfahne wirkt nicht sehr professionell!

Äußeres und Erfolg

Einer Studie von Datamonitor zufolge, betrachten 89 % aller Männer in Europa und den USA ein gepflegtes Äußeres als essenziell für ihren beruflichen Erfolg.

Quelle: Financial Times Deutschland (08.12.2005)

Parfums und Berühmtheiten

Sie konnten ihn nicht riechen. Sie hatten Angst vor ihm

Patrick Süßkind, dt. Schriftsteller, Das Parfüm (* 26.03.1949)

Chanel No. 5 und andere Kostbarkeiten

Marilyn Monroe soll 1954 einem Journalisten auf die Frage, was sie nachts trage, geantwortet haben: „Nur ein paar Tropfen No. 5". Gemeint ist Chanel No. 5.

Floris ist der älteste Parfumhersteller der Welt. Geschäftsgründung 1730 in der Londoner Jermyn Street. Der Klassiker: China Rose.

Napoleon soll nach jedem militärischen Sieg einen Duft in Auftrag gegeben haben, zum Beispiel „L'eau d'Austerlitz'.

Stichwortverzeichnis

R

S

T

U

V

W

Z

Knigge als Synonym und als Namensgeber

Umgang mit Menschen

... Wie es wohl aussehen würde, wenn jeder von den Anwesenden sich dieselbe Freiheit erlauben wollte; zum Beispiel: während der Predigt schlafen; in Konzerten zu plaudern; hinter eins Anderen Rücken einem Freunde etwas zuzuflüstern, oder ihm Winke zu geben, die Jener auf sich deuten kann; ...

Adolph Freiherr Knigge, aus dem Buch „Über den Umgang mit Menschen", 1788, (1752 – 1796)

Adolph Freiherr Knigge

Schon zu seinen Lebzeiten war Adolph Freiherr Knigge (1752 - 1796) umstritten. Knigge setzte sich durch sein energisches Eintreten für die Ziele der Aufklärung, so wie er sie verstand, scharfen Angriffen aus. Er arbeitete als Romanschriftsteller und Satiriker, sowie als politischer Schriftsteller. Er gehörte den Freimaurern an. Heute ist Knigge vor allem seines Buches wegen ‚Über den Umgang mit Menschen' (1788) bekannt. Und zwar deswegen, weil sein Werk als Etikette-Buch angesehen wird.

Das große Missverständnis

Knigge verdankt seinen heutigen Ruf und Erfolg aber einem Missverständnis. Denn: Das Werk Adolph Freiherr Knigges gilt als Etikette-Buch ersten Rangs. Allerdings beschreibt Knigge keine Regeln wie mit Besteck umzugehen ist, oder das Verhalten bei Tisch, stattdessen offenbart er eine praktische Lebensphilosophie im Umgang mit Mitmenschen. Er gibt Anleitungen und Anregungen, wie mit seinen Mitmenschen richtig umzugehen ist. Knigge hoffte damit, dass die Menschen glücklich und froh miteinander leben könnten.

Sein Buch erschien 1788 und war schon kurze Zeit in fast allen Haushalten zu finden. Über 200 Jahre lang prägte sich sein Buch im Bewusstsein der Leser als praktisches Handbuch über gutes Benehmen ein.

Knigge als Synonym und als Namensgeber

Über den Umgang mit Menschen

In drei Teilen seines Buches hat Knigge über den Umgang mit verschiedenen Menschengruppen geschrieben, zum Beispiel:

- Über den Umgang mit Leuten von verschiedenen Gemütsarten, Temperamenten und Stimmungen des Geistes und des Herzens (Erster Teil, 3. Kapitel)
- Über den Umgang mit Frauenzimmern (Zweiter Teil, 5. Kapitel)
- Über die Verhältnisse zwischen Herrn und Dienern (Zweiter Teil, 7. Kapitel)
- Über das Verhältnis zwischen Wohltätern und denen, welche Wohltaten empfangen; wie auch unter Lehrern und Schülern, Gläubigern und Schuldnern (Zweiter Teil, 10. Kapitel)
- Über den Umgang mit den Großen der Erde, mit Fürsten, Vornehmen und Reichen (Dritter Teil, 1. Kapitel)
- Über die Art, mit Tieren umzugehen (Dritter Teil, 9. Kapitel)

Knigge heute als Synonym für Umgangsformen

Obwohl es heute klar ist, dass Knigge anderes verfolgte, als was heute unter seinem Namen zu verstehen ist, soll ‚Knigge' als Synonym für den Bereich stehen, dem sich die vorliegende Buchreihe widmet.

12 Ratgeber in dieser Reihe

Horst Hanisch's kleine Knigge-Reihe

Der kleine
Banausen-Knigge [2100]
ISBN 3-8334-1300-X

Der kleine
Business-Knigge [2100]
ISBN 3-8334-1301-8

Der kleine
Büro-Knigge [2100]
ISBN 3-8334-1302-6

Der kleine
Gäste-Knigge [2100]
ISBN 3-8334-1303-4

Der kleine
Gesellschafts-Knigge [2100]
ISBN 3-8334-1304-2

Der kleine
Outfit-Knigge [2100]
ISBN 3-8334-1305-0

Der kleine
Auslands-Knigge [2100]
ISBN 3-8334-1306-9

Der kleine
Bewerbungs-Knigge [2100]
ISBN 3-8334-1307-7

Der kleine
Event-Knigge [2100]
ISBN 3-8334-1308-5

Der kleine
Gastro-Knigge [2100]
ISBN 3-8334-1309-3

Der kleine
Exoten-Knigge [2100]
ISBN 3-8334-1310-7

Der kleine
Getränke-Knigge [2100]
ISBN 3-8334-1311-5

Jeder Ratgeber Euro 9.70, 88 Seiten, 12x19 cm, kartoniert.

Literatur vom selben Autor

Körpersprache- und ihre Geheimnisse

Es ist schon lange kein Geheimnis mehr, dass in der zwischenmenschlichen Kommunikation die Körpersprache einen entscheidenden Einfluss nimmt. Da die Sprache des Körpers die ‚Wahrheit sagt', lassen sich aus Gesten, Mimik und Körperhaltung des Gegenübers interessante Hinweise ablesen.

Horst Hanisch, ISBN 3-8311-1033-6

Euro 17,90, 184 Seiten A4, kartoniert, ca. 290 Fotos

Knigge für junge Leute und Berufseinsteiger

Es werden zwischenmenschliche Themen besprochen, die nicht nur Jugendliche oder junge Erwachsene interessieren: Vom ersten Eindruck über Vorstellen, Mimik, Kommunikation, Berufsalltag, Küssen in der Öffentlichkeit bis hin zum Verhalten selbst zu Hause oder im Restaurant. Sicherlich wird auch ein fest im Leben stehender Leser den einen oder anderen hilfreichen Hinweis finden.

Horst Hanisch, ISBN 3-8311-4816-3

Euro 15,90, 168 Seiten, über 50 Fotos, zahlreiche Zeichnungen, Checklisten

Rhetorik ist Silber

Das Buch zeigt, was unter moderner Rhetorik zu verstehen ist.

Von der Rhetorik zur Präsentation - Die Kommunikation mit allen Sinnen - Vom einzelnen Wort bis zum zusammenhängenden Satz - Interaktion mit den Zuhörern - Kleine Zitaten-Sammlung

Horst Hanisch, ISBN 3-8330-1024-X

Euro 15,90, 224 Seiten A5, kartoniert, Zeichnungen

Moderation ist Gold

Das Buch geht auf die Bereiche Moderation, Talkrunden, Umfragen, Gesprächsführung und weitere Dialogformen ein. Es zeigt, wie eine Gesprächsrunde richtig zu leiten ist, wie Manipulationen auszuweichen ist, und wie ein zielorientiertes Ergebnis erreicht werden kann.

Horst Hanisch, ISBN 3-8330-1023-1

Euro 15,90, 224 Seiten A5, kartoniert, Zeichnungen